リュウ・ブックス
アステ新書

RYU
BOOKS
ASTI

東大卒でも赤字社員 中卒でも黒字社員

会社が捨てるのは、利益を出せない人

香川晋平

あなたはどっち？

☑ 赤字社員、黒字社員チェックテスト

- □「かなり」や「少し」といった言葉をよく使う
- □「業界別・給料全比較」などの特集雑誌に目がない
- □「会計本」を読んだが、仕事への活かし方がわからない
- □ 仕事は「気分が乗ったもの」から取りかかる
- □ 会議で自ら発言することはほとんどない
- □ 根拠はないが、自分の会社は「潰れない」と思う
- □ ドンくさい新人は、辞めればいいと思う
- □ 自分の給与なら「会社にいくら必要なのか」知らない
- □ 自社の「ビジネスモデル」を答えられない
- □ 会社の利益をあげる方法を 10 個言えない

☑ チェック数	診断結果	コメント
0～1個	黒字社員（人財）	周囲も黒字社員に 変えましょう
2～4個	黒字社員（人材）	本書でさらに上を 目指しましょう
5～7個	赤字社員（人在）	黒字社員に 変わりましょう
8個以上	赤字社員（人罪）	本書で生まれ 変わりましょう

はじめに

高学歴なのに、「仕事ができない」と言われる人がいます。

それは、豊富な知識や十分な思考力を持ち、最難関大学を突破した「東大卒」社員も、例外ではありません。

一方、「中卒」や「高卒」といった高い学歴がなくても、大いに活躍・貢献し、「大卒」社員よりも会社に必要とされる人がいます。

あなたの周囲にも思い当たる人が、1人や2人はいるのではないでしょうか。

これが、ビジネスにおいての現実です。


つまり、「学歴」と「会社での評価」には、まったく関連がないのです。

たとえ学歴がなかったとしても、「ある意識」を身につけていれば、会社から評価され、「東大卒」といった高学歴社員を超える力を持つことができるのです。

では、このような違いを生み出す「ある意識」とは、いったい何なのでしょうか？

それは、「会社の利益に貢献する」という意識です。

本書では、会社の利益に貢献する人、つまり利益を増やす人を「黒字社員」、逆に会社の利益を減らす人を「赤字社員」と定義づけ、その違いを明らかにしていきます。

私は、30歳でリフォーム会社の㈱オンテックスに入社し、経営管理本部の取締役を務めました。その会社で私は、「従業員1人当たりの会計データ」で業績を管理し、従業員の生産性を常に注視していました。ちなみに、その頃、月間の売上高が150万円以下の営業マンは、全員「赤字社員」とみなしていました。

その会社は従業員の利益意識に厳しく、明らかに個人のミスで会社の利益を損なった場合には、始末書の提出はもちろん、その損失額を給与から控除するという徹底ぶりでした。恥ずかしながら私も、自分や部下のミスを含め、個人で負担した金額は、在任2年間で十数万円にのぼります。

その一方で、会社の利益に貢献した従業員には、給与で大きく還元していました。

20代半ばの高卒営業マンの給与が、公認会計士という資格を持って管理部門のトップを務めていた私の給与の2倍近く、ということもありました。

そんな中で取締役を務めていた私は、自分だけでなく部下や他部署の仕事ぶりについても、「この人は会社の利益に貢献しているか？」ということを常に意識していました。

そのような経験から、私はあらゆる職種の会社員に接するだけで、「この人は黒字社員か？　それとも赤字社員か？」と判断できるようになりました。

「赤字社員」と「黒字社員」は、何気ない会話の中からも見抜くことができます。

その方法は1章で明らかにしていますが、私の感覚では「3人に1人は赤字社員」です。

こんなにも多くの赤字社員がいるという状況に、私は危機感を抱いています。

リーマンショック後、「派遣切り」「内定取り消し」「新卒の就職難」と、雇用に関する社会問題が続いていますが、次に来るのは間違いなく「赤字社員切り」でしょう。

経営環境が厳しくなったときに、真っ先に会社が切り捨てるのは、利益を出せない人、つまり「赤字社員」なのです。

では、どうすれば赤字社員が黒字社員になれるのか？

これが本書の最大のテーマです。

私は、社員を次の公式で評価すべきだと考えています。

会社の評価＝（個人の利益貢献額＋周囲への利益貢献額）÷給与

この公式の具体的な考え方は、5章で詳しく解説しますが、あなたは個人として会社の利益に貢献すると同時に、一緒に働く周囲の人々への利益貢献も求められているのです。

また、多くの経営者が、社員に対して「最低でも給与の3倍の働きが必要」と言われますが、これは会計的な根拠からも妥当な基準であり、黒字社員の条件は間違いなく、

「給与の3倍以上の利益貢献」


であるといえます。

黒字社員になるためには、まず、基本的な会計知識を押さえて「会社の利益」について、理解することが必要となるのです。

本書を手に取ってくださった方の中には、すでに十分な会計知識を持ち、「会社の利益」

について、詳しく解説できる方もいらっしゃるでしょう。
しかし、そのような会計知識を持っているだけでは、残念ながら「会計に強いけど、赤字社員」なのです。その知識を活かして、自分の仕事を会社の利益につなげられなければまったく意味がないのです。

本書で解説する必要最小限の「会計知識」を身につけ、そのうえで「自分の給与なら、会社にいくらの利益貢献が必要か？」と意識しながら仕事に取り組むことで、赤字社員は簡単に黒字社員に変わることができます。

逆にいえば、この本を最後まで読むことができなかった人、理解できなかった人は、ズバリ「赤字社員」です。

本書によって、あなたが黒字社員として活躍し、社内でもっと評価される「人財」となることを心から願っております。

2010年8月吉日

香川晋平

東大卒でも赤字社員　中卒でも黒字社員◎もくじ

1章

3人に1人は赤字社員 その1人は一瞬で見抜ける

――黒字社員の会話には「数字」がある

2章

会計に強い、でも利益を出せない人

――「私の給与」なら会社にいくら必要か

3章

この30分で赤字社員が黒字社員に変わる
——社会人に必要な数字を「読み解く力」

4章

ワンランク上の黒字社員はここまで考える
――「身近な疑問」から学ぶ会計応用講座

5章

あなたの「活躍度」診断、「リストラ度」診断

――「私自身」の数字が見えてくる

本文デザイン・DTP／ムーブ

❶章

3人に1人は赤字社員 その1人は一瞬で見抜ける

——黒字社員の会話には「数字」がある

「かなり」「少し」を連発する人は赤字社員

社会人であれば、「数字」を意識しながら仕事をするのは、基本中の基本です。しかし残念なことに、数字にまったく興味のない社会人がたくさんいます。このようなタイプの人間を、私は「赤字社員」と呼んでいます。

赤字社員は、日常の会話からも簡単に見分けることができます。

たとえば、「かなり増えています」などと、「かなり」を連発する「かなり君」。さらには、「少し減っています」などと、「少し」を連発する「少しちゃん」。

そして、「かなり君」や「少しちゃん」の話を聞いて、「そっかー、かなり増えているのか～」と、すぐに伝染される「かなり君2号」たち。

このような人たちは、感覚的にしか発言できないため、話に具体性がないのが特徴です。

一方、ゲーム感覚で数字を見ることのできる人、通称「黒字社員」もいます。

では実際に、2人の会話を見てみましょう。

▼夕方の営業の仕事風景 上司と赤字社員の会話

赤字社員：ただ今戻りました！

上　司：今日の営業は、どんな感じだった？

赤字社員：（ギクっ）頑張って飛び込み営業してきたんですけど……。

上　司：いつも「頑張ってます！」って言ってるけど、売上がほとんどあがらないじゃないか。今日は何件飛び込みしてきたんだ？

赤字社員：（やばい、パチンコで時間つぶしてたしな〜）え〜っと数えてないですけど、かなり飛び込みました。

上　司：それで、見込みがありそうなところはあったのか？

赤字社員：まあ、少しは……。

上　司：お前の売上目標は１５０万円だけど、前月は売上50万円しかなかったよな？今月は大丈夫なのか？　どれくらいの売上を見込んでるんだ？

赤字社員：え〜っと、前月よりは、かなりいい感じなので……（汗）。とにかく全力で頑張ります！

▼夕方の営業の仕事風景 上司と黒字社員の会話

黒字社員：ただ今戻りました！

上　司：今日の営業は、どんな感じだった？

黒字社員：今日は商談に2件行って、1件は40万円の契約もらいました。もう1件は、他社と相見積もりを取りそうなので、ちょっと時間がかかりそうです。

上　司：そうか！　おめでとう！

黒字社員：ありがとうございます！　それから2件の商談の合間に、飛び込みで10件訪問したんですけど、3件は話を聞いてもらえました。2件は見込みアリですね。

上　司：今月もなかなか調子が良さそうだな。前月は売上200万円達成したけど、今月も200万円いけそうか？

黒字社員：今日の契約で、今月170万円になりました。あと、月末までに商談のアポが4件あります。1件40万円、半分の2件で契約もらったとして250万円ってところでしょうか。
（上司に対して）250万円達成で賭けますか？（笑）

このように、何気ない会話から、赤字社員と黒字社員を見抜くことができます。

しかし、これは営業マンに限ったことではありません。普段から数字を扱っている経理の人間の中にも、意外と赤字社員は潜《ひそ》んでいます。

たとえば、年間売上高が600億円規模の会社で、「今月の売上高はどれくらいだ？」と聞かれ、「¥4,875,925,332」という数字が羅列していたとします。

これを2秒以内に答えられない経理の方は、残念ながら赤字社員と見なされます。


経理という仕事をしているのならば、ケタ区切り（カンマ）は基本中の基本です。千円、百万円、その次は十億円です。英語では、ミリオン（百万）、ビリオン（十億）ですよね。

仮に、ケタ区切りが未《いま》だにわかっていなかったとしても、年間600億円の売上高ということがわかっていれば、月間の12で割ることの50億円。この金額を目安に「4.8……」という数字を見ただけで、「48億……」と瞬時に判断できなければいけません。

普段から数字を扱っていても、数字の持つ意味を理解しようともせず、数字にまったく興味を持っていなければ、このような結果になってしまいます。

一方、黒字社員は常日頃からゲーム感覚で数字を意識しています。

たとえば、上司から「この新商品の年間売上目標は3億円だ」と言われたとします。

「営業マンが6人だから、1人当たり年間5000万円」

↓

「年間5000万円だと、月に400万円以上」

↓

「この商品の単価は1000円だから、月に4000個以上の売上」

↓

「さて、どうやれば4000個が達成できるだろうか?」

このように、大きな数字も自分に身近な数字に置き換え、ゲームを攻略するかのようにビジネスを進めることができます。

黒字社員は、常に数字を意識しているので、「あと、どれくらい足りないか?」ということが具体的にわかり、ドンドン個人の目標を達成していくことができるのです。

ちなみに、赤字社員と黒字社員の会社への「利益貢献の差」は、次のようになります。

赤字社員　黒字社員の今月の成績

赤字社員、黒字社員の給与は、月25万円
経費は、給与の2倍かかるものとして計算

赤字社員 ▶売上は前月と同じ

生み出した価値	50万円 × 粗利率40%	＝	20万円
給与＋その他経費	25万円 ×　　3	＝	▲75万円

⬇

20万円 － 75万円 ＝ ▲《マイナス》55万円の赤字

黒字社員 ▶売上は250万円達成

生み出した価値	250万円 × 粗利率40%	＝	100万円
給与＋その他経費	25万円 ×　　3	＝	▲75万円

⬇

100万円 － 75万円 ＝ 25万円の黒字

2人の差は月間80万円、年間960万円

「俺の給与、時給にしたらマック以下！」と言ったら赤字社員

あなたは、そもそも、なぜ会社から給与をもらえるのか、理解していますか？

会社が利益を稼ぎ、その利益があるからこそ、従業員の給与が支払われるのです。

しかし残念なことに、ろくに利益も生み出していないくせに、他人の給与と比較して「給与が安い」と、不満をこぼす赤字社員がたくさんいます。

たとえば、プロスポーツ選手の年俸や保険などのトップ営業マンの給与を聞いて、自分もやっていればな、と考える「妄想くん」。または、自分のスキルを勝手にティーアップし、転職サイトをチェックする「ペテン師ちゃん」。

このような人たちは、とにかく仕事の愚痴《ぐち》が大好きで、決めゼリフは「俺の給与、時給にしたらマック以下！」です。上司・同僚との親睦《しんぼく》の時間なども仕事と捉えているのです。

一方、自分の給与を利益貢献と比較できる黒字社員もいます。

では実際に、２人の会話を見てみましょう。

▼学生時代の友人との飲み会風景 赤字社員と友人との会話

赤字社員：ここ、いい店だな〜。（財布の中身を心配しながら）お前、いつもこんな店に来てんの？

友　人：たまにね。今日はパーっといこうぜ！　俺がおごるからさ。

赤字社員：えっ、マジでいいの？　……っていうか、お前、ぶっちゃけ給与いくらもらってんの？

友　人：今月は大台に乗っちゃった。

赤字社員：大台って、まさか100万円？（俺の4倍じゃん……）お前、いったい何の仕事してんの？

友　人：生命保険の営業だよ。

赤字社員：そっか、生命保険の営業って、そんなに稼げるのか〜。

友　人：いやー、そんなことないよ。完全歩合みたいなもんだから、契約が取れたときにはそれなりに稼げるけど、契約が取れなかったときは悲惨だよ。「今月は手取が数千円だった」なんていうのも、よく聞くし。

今月はたまたま契約が重なっただけで、大台に乗ることなんて滅多にないよ。まあ、いつも大台目指して頑張ってんだけどね～。

赤字社員：そんなに稼げるなら、俺も転職考えてみようかな？　生命保険の営業、どこか募集してないかな？

友　人：そりゃー、どこでも募集はしていると思うよ。でも、俺が言うのもなんだけど、そんな簡単に契約が取れるわけじゃなく、本当に厳しい世界だぞ。その点、お前の会社は超一流だし、給与も安定して結構もらえているんじゃないの？

赤字社員：いやー、仕事はかなり忙しいから、割に合わないよ。仕事が終わった後も、上司の飲みに付き合わされるし、休日も何かと雑用をさせられたり、仕事で必要な勉強を強制させられたり……。そんな時間も合わせたら、俺の時給マック以下だよ。俺も、お前みたいに稼げそうな会社を探してみるよ。

▼学生時代の友人との飲み会風景 黒字社員と友人との会話

黒字社員：ここ、いい店だな～。お前、いつもこんな店に来てんの？

友　人：たまにね。今日はパーッといこうぜ！　俺がおごるからさ。

黒字社員：えっ、マジでいいの？　……っていうか、お前、ぶっちゃけ給与いくらもらってんの？

友　人：今月は大台に乗っちゃった。

黒字社員：大台って、まさか１００万円？　スゴイな～、そんなにもらえるってことは、完全歩合制？

友　人：そうなんだよ。だから、月によってかなり変動するんだよな～。今月はたまたま契約が重なったけど、大台に乗ることなんて滅多にないよ。まあ、いつも大台目指して頑張ってんだけどね～。

黒字社員：そっか、完全歩合なんだ。お前、確か生命保険の営業だったよな。１００万円もらうってことは、どれくらいの契約を取ってるの？

友　人：保険の商品にもよるんだけど、初年度保険料のだいたい３割くらいが歩合かな？　だから今月は、保険料で３００～３５０万円くらいの保険を契約した感じかな？

黒字社員：逆に、契約がまったく取れなかったらどうなるの？

友　人：そりゃ、悲惨だよ。

「今月は手取が数千円だった」なんていうのも、よく聞く話だよ。

生保の営業の給与は、本当にわかりやすいよ。会社の利益に貢献した割合に応じて配分するから、いくら朝から晩まで働いたとしても、会社の利益に貢献しなかったら、給与はゼロだからな。

その点、お前の会社は超一流だし、給与も安定して、結構もらえてんじゃないの？

黒字社員：確かに、そうかも。仕事も上司のサポートが中心で、まだ仕事を教えてもらっているほうが多いし……。

もし、ウチの会社が歩合制だったら、今の給与はもらえるか疑問だよ。

このように、友人同士の会話からも、赤字社員と黒字社員を見抜くことができます。繰り返しますが、あなたに給与が支払われるのは、会社が利益を稼いでいるからです。

しかも、あなたを採用すれば、会社が負担するのは給与だけではありません。健康保険や厚生年金などの法定福利費、いろいろな補助などの福利厚生費、退職金、交通費。そのほかにも、机やイス、パソコン、電話、水道、光熱費、家賃など。

あなた一人のために、会社は多くの負担をしているのです。

このように考えれば、あなたは会社が負担している金額以上に、会社に対しての利益貢献ができているでしょうか。

前述の会話からもわかるように、友人は契約（売上）の話をしているのに、赤字社員は給与しか聞いていません。「自分が貢献した利益」を考えるどころか、会社にどんな経費がかかっているのかさえわかっていません。

そして、上司や同僚との懇親の時間や、スキルアップのための勉強時間など、社会人であれば当然必要な時間まで、まるで残業代を求めるかのように愚痴を言います。

一方の黒字社員は、自分に課された仕事が会社の利益にどうつながるのか、常に意識しながら、利益貢献度合いを自ら計算しています。

たとえば、上司の営業をサポートする立場にある場合、上司が営業に集中できるように、上司のサポートを率先してこなします。

仮に上司の営業成績が上がり、その後も上司からサポートを依頼されるようになれば、「営業成績が上がった分の2割は、自分も利益貢献したかな?」と自ら計算し、上司がさらに営業成績をあげられるようサポートを続けます。

また、管理部門などでも経費の削減を提案して、会社の利益に貢献する黒字社員もいます。現在、外注先にお願いしている仕事を、自分がやるようにしたり、もっと安いものがないかと代案を探したり……。

ほかにも、クレーム対応のような仕事でも利益貢献はできます。

大きなクレームに発展すれば、会社にとって多額の損失が発生してしまいます。それを適切な対応で未然に防ぐことができれば、将来、会社が負担したかもしれない多額の損失を回避したことになり、それも立派な利益貢献となるのです。

ですから、給与は「他人」と比較するものではなく、会社に対する「自分の利益貢献」と比較するべきなのです。

赤字社員、黒字社員の今月の成績

赤字社員、黒字社員の給与は、月25万円
経費は、給与の2倍かかるものとして計算

赤字社員 ▶ 業務時間中も転職活動に必死で、会社への利益貢献なし

生み出した価値			0円
給与＋その他経費	25万円 ×	3	＝ ▲75万円

0円 − 75万円 ＝ ▲《マイナス》75万円の赤字

黒字社員 ▶ 上司のサポートを積極的にし、「君のおかげだ」とほめられた

上司の営業成績（粗利）	500万円アップ（貢献20%）		100万円
給与＋その他経費	25万円 ×	3	＝ ▲75万円

100万円 − 75万円 ＝ 25万円の黒字

2人の差は月間100万円、年間1,200万円

黒字社員は「1仕事」の時間効率さえも気にする

あなたは自分の給与が時間当たりいくらなのか、理解できていますか？

仮に、25万円の給与をもらっている方であれば、次のように考えることができます。

25万円 ÷ 20日 ÷ 8時間 ＝ 1時間当たり約1600円

ならば、1時間で「これ以上の価値」を生む仕事をしなければなりません。

しかし残念なことに、仕事のスピードをまったく意識しない赤字社員がたくさんいます。

たとえば、与えられた仕事をできる限り終業時間まで引っ張る「ダラダラくん」。さらには、追加の仕事を振られないようにと、常に忙しいフリをしている「演技派ちゃん」。

このような人たちは、自分の時間当たりの給与を理解していないので、たった数百円の経費申請にさえ、平気で1時間以上かけたりするのです。

▼朝礼後の管理部の風景　上司と赤字社員との会話

上　司：このデータの入力、お願いしたいんだけど。

赤字社員：わかりました（早速、仕事振られちゃったか〜）。

＊上司が席にいる時は仕事をしているフリ。来客で席を離れると、ネットサーフィンで時間つぶし。

＊そして午後になり――

上　司：午前中に頼んだデータの入力どうなった？

赤字社員：（睡魔と格闘しながら）今、やってますので。

上　司：そんなに時間がかかる業務じゃないだろう？だいたい何時頃にできそうなんだ。

赤字社員：（ギクっ）ほかの業務もありましたので……。夕方までには出します。

上　司：（こいつに頼むんじゃなかった）できるだけ早く頼むよ。

▼朝礼後の管理部の風景

上司と黒字社員との会話

上　司：黒字社員、このデータの入力お願いしたいんだけど。
黒字社員：わかりました。いつまでに入力すればいいでしょうか？
上　司：できれば、午後1時までには欲しいんだけど。
黒字社員：わかりました（1時間以内にやれば、あの仕事も午前中に片づけられるか）。
　　　＊データ入力に没頭し、1時間後――
黒字社員：（上司に）できました。こんな感じでよろしいでしょうか？
上　司：もうできたのか、早いな～。じゃあ悪いんだけど、これもお願いできるかな？
黒字社員：わかりました。この書類のフォーマットはどのようにしましょう？
上　司：それは私が考えるから、とりあえず、ベタ打ちをして欲しいんだけど。
黒字社員：わかりました（それだったら、何も考えずに入力するだけだ）。
　　　＊書類作成に没頭し、1時間後――
黒字社員：（上司に）できました。こんな感じでよろしいでしょうか？

このように、時間に対する感覚の違いからも、赤字社員と黒字社員を見抜くことができます。

黒字社員は「えっ、もうこんな時間なの？」という意識を持っているのに対して、赤字社員は「はあ、まだこんな時間か？」という感覚で仕事をしています。

ですから、上司などから「あの仕事どうなった？」と言われて、慌てて取りかかる赤字社員の仕事は、いつも行き当たりばったりです。そのため、どうでもいいような仕事しか与えられず、いつまで経っても評価されることがありません。

一方の黒字社員は、常に「スピード」を意識しながら仕事に取り組んでいます。できるだけ多くの仕事を、就業時間内でこなそうと努力します。

「今まで1日かかっていた作業を、半日で仕上げるにはどうしたらよいか？」
「2週間かかっている月次決算を10日間で出すにはどうしたらよいか？」

日頃から効率的に進めることを考えているため、ビジネスで必要なダンドリ力が自然と身につき、仕事のスピードもドンドン速くなります。

上司も仕事を頼みやすいために、ドンドン仕事を振ろうとします。

「このレポートを3日後までに出してくれ」

「こういうコンセプトで、明日までに案をいくつか出してくれ」

などと、ひっきりなしに仕事が舞い込んできます。

このように、忙しい中でも黒字社員は、各仕事に求められている精度、さらには自分の時間当たりのコストがわかっているために、この業務は「どの程度の時間をかけるべきなのか」と考えながら仕事を進め、その業務にかかった時間を気にしているのです。

その結果、次々と仕事を覚えて、社内での信頼をドンドン築いていきます。

ですから、これからは仕事の精度を上げることはもちろん、ひとつひとつの業務にかかった時間を意識しながら仕事を進めるように心がけましょう。

赤字社員、黒字社員の１日の成績

※1日８時間労働として計算

赤字社員、黒字社員の1時間当たりの給与は、1,600円
上司は1業務＝2時間（3,200円の価値）と認識

赤字社員 ▶結局、1日がかりで1つの業務を完了

生み出した価値	3,200円 × 1業務	＝	3,200円
1日当たりの給与	1,600円 × 8時間	＝	▲12,800円

⬇

3,200円 － 12,800円 ＝ ▲《マイナス》9,600円の赤字

黒字社員 ▶1日で8つの業務を完了

生み出した価値	3,200円 × 8業務	＝	25,600円
1日当たりの給与	1,600円 × 8時間	＝	▲12,800円

⬇

25,600円 － 12,800円 ＝ 12,800円の黒字

２人の差は１日22,400円、月間448,000円

※月労働20日間として計算

本来、ホウレンソウとは「ムダ時間を削減する」こと

組織に属する会社員であれば、「効率的」に業務を進めるためにも、周囲に配慮しながら仕事をする必要があります。

しかし残念なことに、一緒に働く周囲のことを意識していない赤字社員がいます。

たとえば、上司とのコミュニケーションを怠《おこた》り、上司の意図とまったく違うものを堂々と出す「的ハズレさん」。または、上司に叱られるのを恐れ、いつも終業時間前や締め切りの直前に提出してくる「ギリギリくん」。

そして、自分一人で仕事をしているつもりの「一匹狼ちゃん」。

このような人たちの仕事は、ほとんどがムダで、その尻拭いを周囲の人がさせられることになってしまいます。

一方で、常に周囲のことを意識しながら仕事をしている黒字社員もいます。

では実際に、2人の会話を見てみましょう。

▼管理部の風景 上司と赤字社員との会話

上　司：明日から、どの業務内容にどれだけの時間がかかったのかの業務管理をするために、みんなに業務日報を出してもらおうと思ってるんだ。とりあえず、君の今日の業務内容を入れて、フォーマットを作ってもらえるかな？

赤字社員：わかりました。

＊終業時間前ギリギリに、上司にメール送信（CCで同僚に一斉送信）

「お疲れさまです。ご指示頂きました業務日報を送信しますので、ご確認ください。皆さん、明日から業務日報の提出が必要になりました。とりあえず、本日の業務日報を各自○○部長に提出してください」

同　僚：（営業から戻り、メールをチェック）ゲッ、この業務日報って何？（赤字社員の業務日報を見ながら）こんなに細かいことまで書かないといけないの？今日は思いっきり残業だな……。

上　司：（メールをチェック）あっちゃー。あいつ、まったく意図を理解してなかったのか〜。こんなフォーマットじゃあ、全然、時間の管理ができないじゃないか。あいつ、もう帰っているし……、困ったな〜。

▼管理部の風景 上司と黒字社員との会話

上　司：残業になって悪いんだけど、ちょっと仕事頼めるかな？

黒字社員：はい！　どのような仕事でしょうか？

上　司：さっき、みんなにメールがあった業務日報の件なんだけど、あんなフォーマットではなく、無理なく作れるようなフォーマットを考えて欲しいんだ。

黒字社員：わかりました。何がわかるといいんですか？

上　司：簡単な業務内容と時間がわかれば、いいんだけど。

黒字社員：（手書きで）それじゃあ、こんな感じのフォーマットで、時間集計できるようにしておけばいいですか？

上　司：おっ、このフォーマットはシンプルでいいね。じゃあ、こんな感じで頼むよ。

黒字社員：わかりました。では、このフォーマットで、みんなに今日の業務日報を提出してもらえばよろしいでしょうか？

上　司：いや、明日からでいいよ。このフォーマットだけみんなにメール送信しておいてくれるかな？

黒字社員：わかりました。

＊すぐに同僚にメール一斉送信

「お疲れさまです。先ほどのメールにもありましたように、明日から業務日報の提出が必要となりましたが、本日の業務日報の提出は不要です。業務日報のフォーマットは、これから私が作成しますので、出来上がり次第、本日中にメールさせて頂きます。」

同　僚：ホッ、良かった。とりあえず、今日はいらないんだな。

黒字社員：＊数十分後、上司にメール送信（CCで同僚に一斉送信）

「お疲れさまです。明日から提出が必要となる業務日報のフォーマットを送信します。入力例として、私の本日の業務内容を入れておりますので、参考にしてください。」

同　僚：な～んだ。○○部長が言ってる業務日報って、こんなシンプルなものだったのか。これなら全然手間もかからずに作成できそうだ。

このように、周囲への伝達事項ひとつとってみても、赤字社員と黒字社員を見抜くことができます。

仕事において重要な報告・連絡・相談。いわゆる「報・連・相（ホウレンソウ）」。赤字社員には、この「ホウレンソウ」が嫌いだという「お子ちゃま」的な特徴があります。

この人たちは周囲が先に取りかかって欲しいと思っている業務を後回しにし、自分の気が向いた業務から取りかかってしまいます。そのため、同僚の残業コストや上司の時間コストまで追加で発生させてしまい、しかも、そのことにまったく気づいていません。

一方の黒字社員は、「ホウレンソウ」の重要性を理解しています。

上司とのコミュニケーションを積極的に図り、上司から与えられる仕事の意味をきちんと考えています。そして、常に周囲が効率的に仕事ができるように、自分が取りかかるべき業務の優先順位を理解しているのです。

周囲の役に立ちそうな自分の仕事や情報は進んでシェアし、また、自分がやってしまったミスについてもオープンにして、周囲が同じミスをしないように計らいます。

その結果、周囲の「考える」時間を削減して、業務の効率化に貢献しているのです。

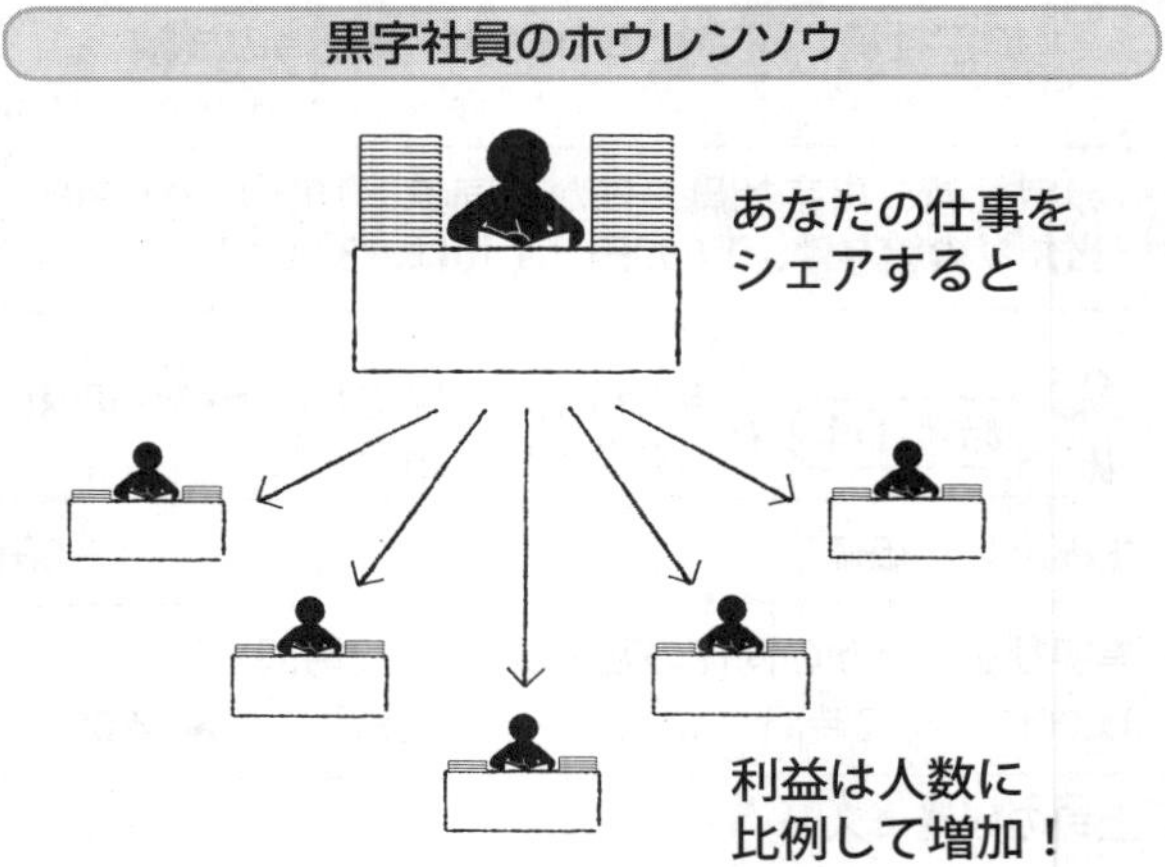
黒字社員のホウレンソウ
あなたの仕事を
シェアすると
利益は人数に
比例して増加！

たとえば、ある文書のフォーマット作成に1時間かかるとしたら、それをみんなが共有することで、各自の1時間分のコストを浮かしたことになります。

そのフォーマットを使う人が1人増えれば、使った人の1時間分のコストだけ、会社に利益貢献したことになるのです。

つまり、自分のたったひとつの仕事をより多くの同僚に共有してもらうことによって、会社への利益貢献がドンドン高まるのです。そのために黒字社員は、周囲の人が自分の仕事を共有しやすいように、ひとつひとつの仕事が非常に丁寧です。

常に周囲のことを意識し、自分の仕事でより多くの人をラクにしてあげましょう。

赤字社員、黒字社員の終業時間以降の成績

※残業は通常の1.25倍として計算

赤字社員、黒字社員、ほかの同僚（10人）の1時間当たりの給与は、1,600円／上司は、3,200円

赤字社員 ▶ 自分は定時で帰宅し、上司や同僚にムダな残業を指示した

生み出した価値　0円

黒字社員、ほかの同僚の残業コスト（2時間）

1,600円 × 2時間 × 1.25 × 11人 ＝ ▲44,000円

上司の残業コスト

3,200円 × 2時間 × 1.25 ＝ ▲8,000円

⬇

0円 − 44,000円 − 8,000円 ＝ ▲《マイナス》52,000円の赤字

黒字社員 ▶ 上司に仕事を頼まれてから1時間で解決
上司・同僚の残業を1時間で食い止めた

生み出した価値

1,600円 × 1時間 × 1.25 × 11人 ＝ 22,000円

3,200円 × 1時間 × 1.25 ＝ 4,000円

⬇

22,000円 ＋ 4,000円 ＝ 26,000円の黒字

2人の差は1業務当たり78,000円

なぜか黒字社員はカラーコピーを使わない

人間、誰でもミスをします。ミスをゼロにするのは不可能といってもいいでしょう。

ただ重要なのは、そのミスを次の仕事で取り返そうとする意識です。つまり、そのミスが会社に与えてしまった「損失額を把握する」ことが大切なのです。

しかし残念なことに、自分がミスをしたことにまったく気づかない赤字社員がたくさんいます。

たとえば、日常よく使うコピーを見ても、何でもカラーでコピーをしたがる「カラフルちゃん」。また、いつも多めにコピーし、ただゴミを増やすだけの「シュレッダーくん」。

このような人たちは、自分が会社に損失を与えていることに気づいていないので、同じミスを何度も何度も繰り返し、会社の損失を拡大し続けています。

一方、カラーコピー1枚の失敗に対しても、大反省する黒字社員もいます。

では実際に、2人の会話を見てみましょう。

▼総務部の風景 上司と赤字社員との会話

上　司：コレ、今度の研修で使うレジュメなんだけど、コピーしておいてくれる？
基本的にはプロジェクターに映すんだけど、まあ、念のためにレジュメがあったほうがいいからさ。

＊カラーで印刷されたレジュメ、1セット40枚を渡す

赤字社員：研修の出席者は何人ですか？

上　司：今のところ25名で聞いているけど、キャンセルで減るかもね。

赤字社員：わかりました。

＊赤字社員は、予備も含め30部でカラーコピーをセットしてスタート

赤字社員：できました！　念のため、少し多めにコピーしておきましたので。

▼総務部の風景 上司と黒字社員との会話

上　司：コレ、今度の研修で使うレジュメなんだけど、コピーしておいてくれる？
　　基本的にはプロジェクターに映すんだけど、まあ、念のためにレジュメがあったほうがいいからさ。
　＊カラーで印刷されたレジュメ、1セット40枚を渡す
黒字社員：研修者の出席者は何人ですか？
上　司：今のところ25名で聞いているけど、キャンセルで減るかもね。
黒字社員：なら、増えることはなさそうなので、25部の準備でよろしいでしょうか？
　　それからプロジェクターを使うのであれば、白黒コピーで問題ないですか？
上　司：もちろん、もちろん。25部を白黒で頼むよ。
黒字社員：わかりました。
　＊カラーから白黒へのコピー具合を確認するため、まずコピー1部をセット。
黒字社員：しまった！　白黒でよかったのにカラーでやっちゃった。それも40枚も……。
　　カラーコピーって1枚30円くらいだっけ？　あっちゃー、1200円のロスだ。

このように、日常の些細《ささい》な業務からも、赤字社員と黒字社員を見抜くことができます。

あなたは、会社でコピー1枚をとるのに、どれだけのお金がかかるのかご存知ですか?

コピー機は、印刷時に高熱を発するので、部品が消耗しやすく、メンテナンスが必要です。

そこで、1枚当たりいくらという保守料金（カウンター料金）がかかってきます。

白黒なら1枚2~6円、カラーコピーなら1枚15~40円。カラーコピーは、白黒コピーの約10倍もコストがかかっています。

つまり、カラーコピー1枚=白黒コピー10枚、という公式が成り立つのです。

赤字社員はこの公式がわからず、カラーコピーも白黒コピーと同じように考えています。

ですから、本来は白黒で問題のないプレゼンやセミナーなどで使う資料も、上司から言われない限り、すべてカラーコピーをしてしまいます。しかも、使うかどうかもわからない予備の分まで、です。

たった一度のことであれば、カラーと白黒との差はたった数十円です。

しかし、コピーは日常繰り返されるものであり、また人数分のコピーなど「掛け算的要素」が強いため、ここでのコスト意識の低さが、会社に大きな損失を与えてしまうのです。

ほかにも、こんな赤字社員がいます。重要なお客様からの連絡をメモも取らず、担当者への伝言を忘れてしまう「記憶喪失くん」。または、セミナー開催のDMを、過去に開催した日程のまま送ってしまう「時代遅れさん」。

担当者への伝言忘れで、せっかくの受注のチャンスが他社に流れて、数百万円の利益を得そこなったり、数十万円のDMコストを、まったくのムダにしてしまったり。

赤字社員は、そんな大きなミスにさえも気づくことがありません。そして、また同じミスを繰り返すのです。

一方の黒字社員は、カラーコピーの公式がわかっています。

ですから、カラーコピーを失敗したときには、「やってしまった……」と大反省します。また、プレゼン用の資料を準備する際にも、カラーコピーで準備をするのは、お客様に渡す分だけにして、必要分以外はできるだけ白黒コピーで対応しようとします。

そして、黒字社員はミスした後に、二度と同じミスはしないようにと考え、そして次の仕事でミスした分を帳消しにしようと努力します。

仮に自分がミスをしたときは、会社にどれだけの損失を与えてしまったのかを把握して、次からの仕事で取り返すことが大切です。

赤字社員、黒字社員のコピー業務の成績

1枚あたりのコピーのコスト
白黒コピー：3円　カラーコピー：30円

赤字社員 ▶ 1セット40枚
予備も含め30部をカラーコピー

コピーのコスト

40枚 × 30部 × 30円 ＝ ▲36,000円

36,000円のコスト

黒字社員 ▶ 1セットをカラーコピーで失敗
25部を白黒コピー

コピーのコスト

（カラー失敗分）40枚 × 1部 × 30円 ＝ ▲1,200円

（白黒分）40枚 × 25部 × 3円 ＝ ▲3,000円

4,200円のコスト

2人の差は1業務当たり31,800円

自社のビジネスモデルを答えられるか？

仕事において、自社のビジネスモデルを理解するのは当たり前のことです。

簡単にいうとビジネスモデルとは、「誰に」「何を」「どのように」売るのか？　ということですが、残念なことに、会社のビジネスモデルを理解していない、それどころか、考えたこともない赤字社員がたくさんいます。

たとえば、会社がターゲットとするお客様のことですら「法人？　個人？」、あるいは「男性？　女性？」程度しか理解できていない「ザックリちゃん」。ビジネスモデルは知らないくせに、経費の落とし方だけはきっちり理解している「とりあえず領収書くん」。

このような人たちは、時間も経費もムダに使っているので、売上があがるのは、いつも「たまたま」です。

一方、会社のビジネスモデルをきっちり理解して、仕事に取り組む黒字社員もいます。

では実際に、２人の会話を見てみましょう。

▼ある人材関連会社の食事風景 取引先と赤字社員との会話

赤字社員：最近業績が厳しくて、上司から売上、売上ってうるさく言われているんですよ。どこか、人材紹介のニーズのある会社を紹介してもらえませんか？

取引先：会社に登録されている人材は、どういう人材が多いんですか？

赤字社員：どの職種でも大丈夫ですよ。業界ではトップ10に入る規模なので。

取引先：（もっと大きい会社からも頼まれているのに、違いがわからないな……）わかりました。どこかあったら、声をかけますね。

赤字社員：よろしくお願いいたします！　ココは、僕が出しますんで。（店員に）すいません、領収書くださいね。

取引先：いいですよ、割り勘にしましょう。

赤字社員：いや、大丈夫です。1人5000円以内なら会社の経費で落とせますので。

▼ある人材関連会社の食事風景 取引先と黒字社員との会話

黒字社員：最近業績が厳しくて、なかなか売上があがらないんです。どこか人材紹介のニーズのある会社を開拓したいんですけど、何か知恵をお借りできないですか？

取引先　：会社に登録されている人材は、どういう人材が多いんですか？

黒字社員：実は、ウチの登録者は管理部門の人材が多いんです。業界では、ウチより大きいところはいくつもありますが、管理部門の人材登録者数では負けません。あと、ウチのアドバイザーは、管理部門出身者が多いので、企業の求める人物像もよく理解できるんです。

取引先　：へえー、管理部門に強い人材紹介会社なんですね。

黒字社員：そうなんです。ですので、管理部門の人材ニーズがありそうな先を効率的に探したいと考えているんですけど……。確か、（取引先の）○○さんは、会計事務所との取引が多いっておっしゃってましたよね？

取引先　：そうですね。会計事務所は数十件と取引していますよ。

黒字社員：いくつか有力な会計事務所をご紹介してもらえないでしょうか？

取引先　：なるほど。会計事務所を開拓できたら、営業しやすいんですね？大きい会計事務所だったら、抱えているクライアント数も多いだろうし、管理部門の実情については一番わかってそうですしね。

黒字社員：そうなんです！実は、こちらも人材紹介の営業先で、良い会計事務所を紹介して欲しいというニーズをよく聞くんです。そんなときに、その会計事務所を紹介できることにもなるので、お互いにとってメリットがあると思うんですよね。

取引先　：それは、会計事務所にとってもいい話ですね。了解しました。明日にでも、有力な10事務所くらいに打診しておきますよ。

黒字社員：ありがとうございます！10事務所も打診していただけると、本当に助かります。今日は僕におごらせてください！

取引先　：いいですよ。割り勘にしましょう。

黒字社員：いえいえ、授業料はちゃんと支払わないと（笑）。

このように、営業の進め方からも、赤字社員と黒字社員を見抜くことができます。

会社にはすべて、その会社なりのビジネスモデルがあります。

黒字社員は、このビジネスモデルをきちんと理解し、「誰に」「何を」「どのように」を深く掘り下げて考えながら、仕事に取り組んでいます。

- 弊社の商品を喜んで買ってくれるお客様はどういった人なのか?
- どうすれば、そのお客様を効率的に見つけることができるのか?
- お客様がほかに欲しがっているのはどんな商品なのだろうか?

こういったことを常に考えています。ですから、お客様から無理難題を頼まれたときでも、どうすれば会社の利益につなげられるかがわかるのです。そして、自腹も惜《お》しまず、会社の利益につながる行動をとります。

一方の赤字社員は、お客様から無理難題を頼まれたときには、逃げるように帰ってきます。それが、会社のビジネスモデル上、重要な見込客であったとしてもお構いなしです。

これからは、会社のビジネスモデルをしっかり理解して、仕事に取り組みましょう。

赤字社員、黒字社員の取引先との食事の成績

赤字社員

▶食事後、取引先から紹介されることはなかった

生み出した価値	0円
飲食代　5,000円 × 2人 =	▲1万円

⬇

0円 − 1万円 = ▲《マイナス》1万円の赤字

黒字社員

▶食事後、取引先から10の会計事務所を紹介してもらい、1事務所からの紹介で、年収400万円の経理人材を紹介、成約

生み出した価値　400万円×（成約手数料）30% =	120万円
飲食代（自腹）	▲　0円

⬇

120万円 − 0円 = 120万円の黒字

2人の差は1食事当たり121万円

黒字社員の事業計画には、必ず「雨（最悪の状態）」がある

社会人であれば、最悪のケースを想定しながら仕事をすることは基本中の基本です。ビジネスにおいては、思いどおりにいかないことは往々にして起こりますから、仮に最悪のケースになったとしても、事業を継続できるようにしておく必要があります。

しかし残念なことに、最悪のケースをまったく想定できない赤字社員がたくさんいます。たとえば、利益計画を立てる際に、「あそこがこれくらいだから、これくらいだろう」と、何の根拠もなしに予測を立てる「甘々ちゃん」。そして、その売上数値を達成するために、必要となるはずの経費がボロボロ抜け落ちている「ダダ漏《も》れくん」。

このような人たちは、「もし、想定よりも売上が30％下がったらどうなるの？」と質問されると、何も答えることができません。

一方、最悪のケースまで計算して仕事に取り組んでいる黒字社員もいます。

では、実際に2人の会話を見てみましょう。

▼経営企画部の風景 上司と赤字社員との会話

上　司：以前に提案してきた新規出店の計画書、どうなった？

赤字社員：作りました。初年度は4000万円の営業利益が見込めるので、儲かると思います！

上　司：どういう根拠で作ったんだ？

赤字社員：ウチで一番儲かっているA店の、昨年の月次損益を参考にしました。

上　司：A店と同じだったら、かなりの大型店舗になるな～。新店周辺の家賃相場と投資コストは、いくらで見込んでいるんだ？

赤字社員：（家賃相場？　投資コスト？）……すいません、もう一度調べます。

上　司：（コイツ、まさか調べずに持ってきたのか？）それじゃあ、売上がこの計画数値より30％下がったら、どうなるんだ？

赤字社員：（30％下がった場合も調べろって言ってたっけ？）すいません、もう一度作り直してきます。

▼経営企画部の風景 上司と黒字社員との会話

上　司：以前に提案してきた新規出店の計画書、どうなった？

黒字社員：作りました。初年度は2000万円の営業利益が現実的ではないでしょうか？

上　司：どういう根拠で作ったんだ？

黒字社員：既存店での平均の客単価、座席数、回転率をベースに計算しています。ただ、この新規店舗の候補場所は競合も少なく、商圏人口から見てもA店と同じくらいのドル箱店舗になる可能性を秘めていると考えています。
一方、今後競合が出てきて、激戦になるリスクも当然考えられます。
したがって、収支計画は「晴れ」「曇り」「雨」の3パターンで作成しました。

上　司：ちなみに、2000万円というのは？

黒字社員：「曇り」バージョンでの想定です。

上　司：家賃や投資コストは、どうやって計算したんだ？

黒字社員：A店と同じ広さで想定していますが、近隣の家賃相場はA店よりも2割程度低そうです。投資コストは、もう少し下げられそうですが、保守的にA店と同じとしてシミュレーションしています。

上　司：なるほど。ちなみに、「晴れ」の場合は、どれくらいの利益が見込めそうなんだ？

黒字社員：「晴れ」は、「曇り」と比較して、売上30％増を想定しています。スタッフレベルがA店並で、競合が出てこなければ、最大でここまで見込めそうです。この場合の営業利益は3500万円です。

上　司：逆に、「雨」の場合は？

黒字社員：「雨」は「曇り」と比較して、売上30％減を想定しています。既存店よりスタッフレベルが低く、競合の出店が相次いだ場合には、最悪ここまでの売上ダウンは覚悟したほうがよさそうです。この場合の営業利益は500万円です。

上　司：なるほど。最悪のケースでも500万円の営業利益か？

黒字社員：はい。ですので、この新規出店で赤字になるリスクは、ほとんどないと考えています。

上　司：よし、わかった！　役員会の決議にかけてみるよ！

このように、利益計画の進め方からも、赤字社員と黒字社員を見抜くことができます。

私は仕事柄、これまでたくさんの事業計画書を見てきましたが、黒字社員は利益計画のシミュレーションを3パターン用意します。

・「晴れ」バージョン（最高の状態）
・「曇り」バージョン（固いライン）
・「雨」バージョン（最悪の状態）

仮に「雨」バージョンであったとしても、「会社に損失が生じるリスクは少ない」というプレゼンをします。こうなると、なかなか反対もできないものです。

また、事業計画以外の場面でも黒字社員は、感覚的に最悪の事態を想定しています。


「売上がまったくあがらなくなったら、どうするか？」

「現在作業中の業務が思うように進まず、納期に間に合いそうになかったらどうするか？」

このようなことを、常に意識しています。

そのため、本当に最悪の事態になったときでも、優先順位の低い業務を後回しにしたり、いざというときに、頼りになる人に相談できるように、常日頃から関係を築いています。

こうして黒字社員は、最悪の事態でも、最低限やらなければならない仕事をこなして、会社内での信頼をドンドン築いていくのです。

一方の赤字社員は、あらゆる仕事の場面で最悪のケースを想定していません。

したがって、自分の予測どおりに進まないことがわかると、責任回避に奔走《ほんそう》する「言い訳くん」に変身します。

言い訳だけが上手になり、口で逃げることを覚えていきます。

その結果、自分では何ひとつ責任が取れないために、35歳くらいで間違いなくリストラ候補です。

仕事はあらゆる場面において、最悪のケースまで想定しながら取り組みたいものです。

赤字社員、黒字社員の事業計画作成による成績

赤字社員、黒字社員の1日あたりの給与は12,500円。
2人はそれぞれ、事業計画書を3日かけて作成した。

赤字社員 ▶新規出店の話は流れた

生み出した価値					0円
3日分の給与	12,500円	×	3日	＝	▲37,500円

↓

0円 － 37,500円 ＝ ▲《マイナス》37,500円の赤字

黒字社員 ▶新規出店の事業計画が決裁された

「曇り」バージョンで業績推移し、初年度2,000万円の営業利益。

（初年度営業利益の5%が貢献割合とすると）

生み出した価値	2,000万円	×	5%	＝	100万円
3日分の給与	12,500円	×	3日	＝	▲37,500円

↓

100万円 － 37,500円 ＝ 962,500円の黒字

2人の差は1業務当たり100万円

❷章

会計に強い、でも利益を出せない人
――「私の給与」なら会社にいくら必要か

会社が利益をあげなければいけない本当の理由

「会社は誰のもの？」という議論があります。

社長のもの、そう考える方もいるかも知れませんが、違います。

会社法では、「株主のもの」とされているのです。


株式会社を設立するとき、まず必要になるのは資金です。どんなビジネスでも、資金がなければスタートすることはできません。

ところが、設立したばかりの会社は、この先どうなるのかもわかりませんし、何の信用力もありません。ですから、そう簡単には銀行もお金を貸してくれません。

そこで、会社の設立時や、銀行が貸してくれないときに、会社にお金を出してくれる人が必要になります。それが、「株主」と呼ばれる人たちです。

この株主は、お金を出した見返りに「株式」をもらうことになります。

会社は誰のもの？

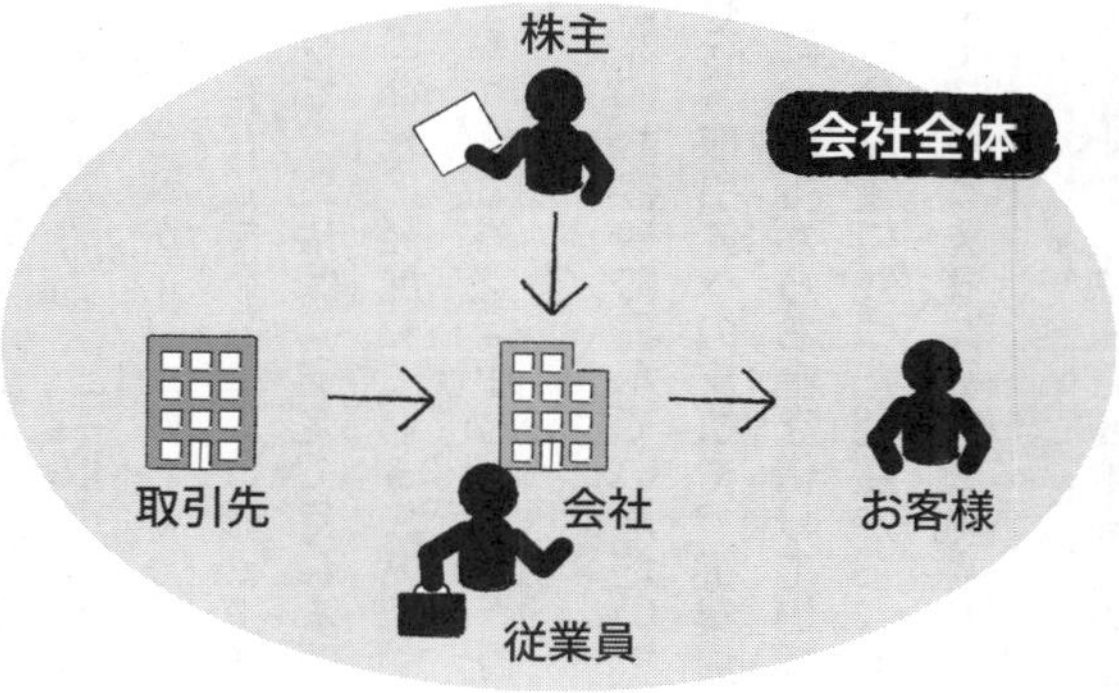

会社が儲けた場合には、この株式の価値は上がっていきますが、もし会社が倒産した場合には、この株式は紙くずに変わってしまいます。

株主は大きなリスクを負うことになるので、株主には会社の重要事項の決議に参加できる権利が与えられているのです。

この重要事項の決議をするのが、株主が集まって開かれる株主総会です。

社長（代表取締役）や、ほかの取締役、監査役を選ぶのは、この株主総会で決議をすることになっているため、会社法上では「会社は株主のもの」とされています（中小企業などでは、株主＝社長および一族というケースが多いのですが）。

しかし、「会社は株主のものである」という意見には、さまざまな反論があります。たとえば、「顧客のもの」「取引先のもの」「従業員のもの」「社会のもの」といった意見もあります。どれが正解かはわかりませんが、少なくとも会社はこれらの関係者すべてに支えられて存在していることは確かです。

したがって、会社は、支えてくれる関係者に、より多くのお金を分配して喜んでいただかないと、存続・発展していきません。そして、この関係者へのお金の分配を表しているのが、3章で解説する「損益計算書《そんえきけいさんしょ》」と呼ばれるものです。

- 会社は、お客様に喜んでいただいて、お金を受け取り、
- それを、取引先への支払や、従業員への給与の支払で分配し、
- さらに、銀行からお金を借りている会社は、銀行に利息を支払い、
- 上記の分配後に残った利益から、社会のために税金を支払い、
- 税金も支払った後に残った利益は、株主に分配するか、将来の会社のために蓄えます

つまり、会社が存続・発展するためには、利益をあげる必要があるのです。

社会人に求められる基礎能力とは？

会社に利益があがらなければ、次のようなことになってしまいます。

- 会社がお金に困っているときに資金を出してくれた株主に、報いることができない
- 税金（法人税）も納められないので、社会に貢献することもできない
- 従業員の給与支払や取引先への支払もできない

だから、会社にとって必要なのは、ズバリ「利益に貢献する人」だけなのです。

話は少しそれますが、社会人に求められる能力として、経済産業省が提唱した「社会人基礎力」や厚生労働省が取りまとめた「就職基礎能力」がよく挙げられます。

企業が人を雇うとき、まだ働いていない人材を「会社の利益に貢献する人かどうか」という基準で判断するのは困難ですから、言語化されるようになったのです。

社会人に求められる能力

◆社会人基礎力

前に踏み出す力（アクション）	主体性
	働きかけ力
	実行力
考え抜く力（シンキング）	課題発見力
	計画力
	創造力
チームで働く力（チームワーク）	発信力
	傾聴力
	柔軟性
	情況把握力
	規律性
	ストレスコントロール力

◆就職基礎能力

コミュニケーション能力	意思疎通
	協調性
	自己表現能力
職業人意識	責任感・主体性
	向上心、探究心
	職業意識、勤労観
基礎学力	読み書き
	計算・数学的思考力
	社会人常識
ビジネスマナー	集団社会生活に必要なマナー
資格取得	情報処理技術関係
	経理・財務関係
	語学力関係

会社には4種類の「ジンザイ」がいる

会社には、４種類の「ジンザイ」がいると言われています。

①人財＝文字どおり、会社の財産。自ら進んで何事にも取り組み、会社の宝となる人
②人材＝会社の付加価値の材料となる。言われたことをきちんとこなし、役に立つ人
③人在＝ただ存在しているだけ。いてもいなくても会社には影響がない人
④人罪＝存在自体が罪。ネガティブな発言で、周囲に悪影響をもたらす人

では、順番に解説していきましょう。

人財は、会社の利益に大きく貢献している黒字社員。将来の幹部候補です。
人材は、会社の利益に貢献している黒字社員。日常業務で、大きな利益を生み出すこと

は難しいかも知れませんが、自分の与えられた役割をきちんと果たし、会社の利益に少しずつでも貢献しています。

人在は、残念ながら、赤字社員。いてもいなくても会社に影響がない、ということは、会社で何の価値も生み出していないということです。

人罪は、もちろん赤字社員。自分が赤字社員だけでなく、周囲にも赤字社員を増やしてしまうので、今すぐにでも辞めてもらいたいリストラ候補です。

会社の就業時間内はちゃんと業務をしていて、ときには残業もする。誰が見ても一生懸命に仕事をしている。

しかし、会社の利益に貢献しているか、というと、まったく貢献していない。そのような人は、残念ながら「人在」。つまり赤字社員です。

しかし、会計の基本を理解し、日常の業務で「自分の給与なら会社にいくらの利益貢献が必要か？」と常に意識することによって、「人在」が「人材」に、「赤字社員」が「黒字社員」に変わることは可能なのです。

黒字社員、赤字社員という軸で分類した4つのジンザイ

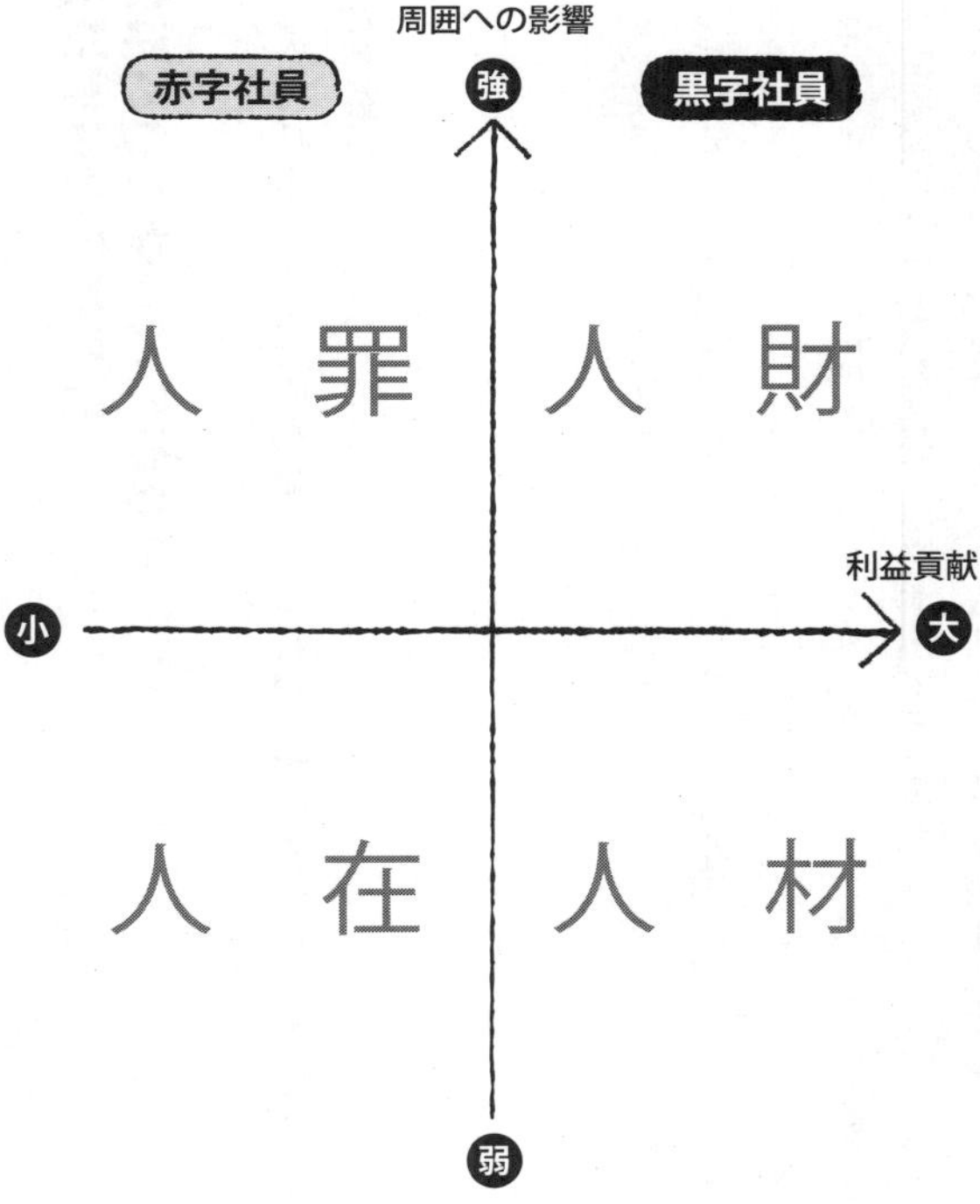

はたして今の仕事は利益につながっているか？

それでは、あなたの仕事は「会社の利益」につながっているのかを考えてみましょう。

会計的にいうと利益は、次の公式で表されます。

利益＝収益－費用（コスト）

それくらいわかってるよ、という方も多いでしょう。

しかし、わかっているだけではダメなのです。あなたの仕事が「収益を増やす」か「費用（コスト）を削減する」かのどちらかにつながっていなければいけないのです。

このような話をすると、「管理部門のような、売上がなく、コストだけが発生するコストセンターはどうするのか？」という意見が必ず出てきます。

しかし、利益というのは何も、決算書に表れる利益だけではありません。

第4章で詳しく説明しますが、会計では、

「本当は得られるはずであった利益を得そこなった→機会損失」

という概念があります。逆にいえば、

「本当は発生しているはずだった損失を回避した→機会利益」

と考えることができ、これも立派な利益貢献だと私は考えています。


会計処理、税務申告業務、給与計算、社会保険手続など、管理部門の業務のなかには、会社として存在する以上、絶対に必要となる業務があります。もし管理部門に人員がいなかったとしたら、これらの業務は外注先にお願いしなければなりません。

そのように考えれば、外注するよりも低いコストで会社に提供できているのであれば、これは会社への利益貢献と考えられます。

コスト削減とは、現在「100」発生しているものを、やみくもに「90」にするということだけではありません。今、会社で当たり前のように発生しているけど、実はまったくのムダだった、というコストが必ずあるはずです。

それらを見つけて削減し、会社の利益に貢献することが大切なのです。

手待ちのコスト削減も立派な利益貢献

あなたが何かの作業を待っていて手を休めている手待ち時間も、実はコストがかかっています。特に、役職のある方ならば給与は高いでしょうから、手待ちコストは平社員よりも大きくなります。

たとえば、1時間当たりの給与を考えてみましょう。

1日8時間の勤務で、1ヶ月に20日間出勤したとすると、25万円の給与をもらっている方であれば、次のようになります。

25万円 ÷ 20日 ÷ 8時間 ＝ 1時間当たり約1600円

つまり、仮に1時間の手待ち時間があったとしたら、約1600円の損失です。ですから、手待ちコストを削減することは、立派な会社への利益貢献と考えることができます。

では、どのようにしたら手待ち時間をなくすことができるのでしょうか。

手待ちをなくすコツは、とてもシンプルです。自分が抱えている業務が、「ムダに他人の手待ち時間を増やしていないか」を意識すればいいのです。

なぜなら、あなたの業務に関係する人が多くなればなるほど、その業務の進捗《しんちょく》具合によって、会社に与える損失も大きくなるからです。

そのため、仕事を頼まれたときには、

・何を
・いつまでに
・どれくらいの精度で

こなす必要があるのかを意識して、他人の手待ち時間を減らすように考えましょう。

また、自分に手待ち時間が生じた場合には、細切れの時間を有効に活用できるように、業務の配分を考えることが重要です。

8人で1時間の会議をしたら、コストはいくらでしょう?

たとえば、8人集まって1時間の会議をしました。この会議のコストはいくらでしょうか? 少し見方を変えると、このような計算式が成り立ちます。

8人×1時間＝8時間

つまり、従業員1人の1日分の給与と同じということになります。

では、8人集まった1時間の会議は、従業員1日分の給与と同じだけの価値を生み出せているでしょうか。残念ながら、できている人は少ないと思います。

ならば、会議の「生産性を高める」ことも、立派な会社への利益貢献のひとつと考えることができます。

会議の生産性を高めるポイントは2つです。

①会議の時間を短くする
②全員が議論に参加する

まず、①の会議の時間を短くするためには、テーマや決定すべき事項など、「会議の目的」をハッキリさせることが重要です。

たとえば、こんな赤字社員がいます。

会議の目的から完全にズレている話ばかりをする「方向音痴くん」。このようなタイプは、自分の時間だけでなく、会議に参加している人たちの時間までムダに費やすために、〝会社の損失〟としては計り知れません。

それに対して、この「方向音痴くん」に周囲が惑わされないように、上手く本来の目的へと軌道修正してくれる人は黒字社員です。

「方向音痴くん」のズレた話のまま進んでいたとしたら、「8人×○時間」という損失が発生していたのですから、会社にとって立派な利益貢献と考えることができるのです。

そのほかにも、細かいデータをダラダラと説明して、会議の時間を長引かせる赤字社員もいるでしょう。

黒字社員なら、細かいデータがあるときなどは希望者にだけ渡し、重要なポイントだけを解説します。

また、会議であれば議論に参加するために、事前に会議資料に目をとおすなどして、自分の意見をまとめておくことは常識です。

しかし、議論に参加しない社員の多さに驚かされます。

会議中に何ひとつ自分の意見を言わない「見学者くん」。この「見学者くん」は、その場にいてもいなくても同じ人。前述した「人在」、つまり赤字社員です。

一方、たとえ結論とは違う意見だったとしても、自分の意見をはっきりと言える人は、黒字社員です。

そもそも会議とは、参加者の意見が分かれることを前提に行なうものです。そのため、自分だけが異なる意見を持っていたとしても、それが前もって準備をしていた意見であれば、その会議の生産性は高まり、結果、会社の利益貢献につながるはずです。

今後、会議に参加するときは、２つのことを意識して、会社の利益に貢献しましょう。

1件の成約を取るためのコストはいくら？

見込客にアプローチし、長い期間をかけて、何とか成約までこぎつけた。

これで、「会社の利益に十分に貢献しただろう」と思っていても、その1件の成約を取るために、どれだけのコストがかかっているのか、計算したことはありますか？

たとえば、こんな赤字社員がいます。

数千円の売上のために、何回もお客様を訪問し、売上以上の交通費を使う「移動大好きくん」。お客様のニーズを把握できず、何回も見積書を作り直し、粗利益以上の残業代を発生させる「空回りさん」。また、確実に売上が見込める先なのに、何度も上司に同行してもらい、貴重な上司の時間を奪って機会損失を発生させる「親離れできないちゃん」。

このようなタイプの人の仕事は、見えにくいコストと、成約によって得られた粗利とを比較すると、実は赤字だった、というケースがよくあります。

これからは、成約を取るために、どれだけのコストがかかったのかを意識しましょう。

社員1人の採用には、実は○○○万円！

せっかく採用したにもかかわらず、すぐに辞められてしまった……。

原因は、いろいろと考えられるでしょうが、会社にとって大きな損失です。

5章で詳しく解説しますが、会社が1人の社員を採用するためには、多額の経費を使います。形態はさまざまですが、採用広告費や人材紹介会社への紹介手数料、面接官の人件費……。大雑把にいっても、100万円以上はかかるでしょう。

それだけのコストをかけて採用し、かつ、その人が会社に慣れるまでの期間は、いってみれば研修期間。この研修期間の給与や教育にかけた時間コストは、会社にとって研修費のようなものです。

採用までのコスト、採用後の研修コスト。たくさんのお金を投資したにもかかわらず、すぐに辞められてしまったら、会社にとっては大損害です。

たとえば、ある上司の下に人を入れると、ドンドン社員が辞めていくという状況があります。その上司も何とも思っていない。もちろん、辞める側にも問題がありますが、このような上司は赤字社員です。会社の損失をまったく理解できていません。

ほかにも、こんな赤字上司がいます。

採用の面接時に、仕事内容も会社組織の実情も曖昧にしか伝えない「説明不足さん」。

採用後は、採用した人のミスばかりに注目する「あら探しさん」。

自分の立場を守るため、優秀な部下を潰してしまう「No.2キラー」。

こういう上司の下では、採用・研修コストが湯水のように使われてしまい、会社に多大な損失が発生します。

一方の黒字社員は、部下を教育し、自分と同じように黒字社員に育てます。ときに厳しく、ときに優しく、会社への利益貢献の意識を高めるように教育し、どんどん黒字社員を生み出していきます。

会社は、将来性を見込んで、1人の採用に100万円以上もかけるのです。もし、あなたが自腹で100万円以上もかけたモノやサービスだったら、乱雑に扱うでしょうか。

会社が採用した人には、その人が会社の利益に貢献できるように、サポートをしながら温かく接することは「機会損失」の面からみても必要なことなのです。

サービス残業のつもりが、これだけの損失を生んでいる

特にベンチャー企業などでは、業務量が多いにもかかわらず、人員不足のため、どうしても残業が多くなることがあります。

また、そもそも長時間残業が当たり前で、その残業代も請求しない（できない？）サービス残業が、企業文化になってしまっている会社もあります。このようなサービス残業であっても、会社には「見えにくい損失」が発生しています。

現在、残業代の不払い問題に対しては、労働基準監督署の厳しい指導があり、残業代は過去2年間にさかのぼって支払い義務が発生します。

話は少し変わりますが、弁護士・司法書士の間で「債務整理」バブルがありました。消費者金融などに対する過払い金請求で、返ってきたお金の20％程度を成功報酬として、弁護士や司法書士がもらうというビジネスモデルです。

この債務整理ビジネスには、多くの弁護士・司法書士が参入し、まさに「バブル」の状

態でしたが、これも一段落したようです。

ところが現在は、「残業代不払い請求」に目をつけている弁護士が増えているそうです。つまり、サービス残業が多い会社ほど、これから莫大《ばくだい》な人件費負担が発生してしまうというリスクがあるのです。

では、なぜサービス残業が起こるのでしょうか？　もちろん、業務量が多すぎるなどの理由もありますが、次の２つが要因ではないでしょうか。

- 会社に遅くまで残って、仕事をしている人が評価される
- 上司がいつまでも残業をしているから、自分もせざるを得ない

このように、会社の雰囲気に左右されているケースも多く、実は仕事をしているフリをしているだけ、といった会社も多いはずです。

仕事に熱心で、個人としては会社の利益に貢献している人でも、周囲が帰りにくい雰囲気を作り出し、サービス残業が当たり前の風土を作っている人がいます。

残念ながら、これからは赤字社員になってしまうでしょう。

「ユニクロ」を展開する㈱ファーストリテイリングでは、火曜日から金曜日までを「ノー残業デー」とし、サービス残業をしている人が1人でもいたら、その店の店長は即降格になるそうです（「週刊ダイヤモンド」2010年5月29日号）。

また、一昔前までは深夜であっても顧客の自宅に飛び込み、猛烈に営業をする印象が強かった証券会社。その証券業界大手の大和証券グループでも「19時前退社の励行」がされているといいます（「プレジデント」2010年5月3日号）。

残業は8時間労働したあとの疲れた状態でするものですから、決して効率が良いものではありません。にもかかわらず、残業代は通常25％割増で計算されます。

つまり、残業してでもやる仕事は、就業時間内にやる仕事の1・25倍の成果がなければ会社にとっては損失になるということです。ですから、そんな時間帯に利益を生まない事務処理をダラダラとする人は、当然、赤字社員です。

もし、どうしても就業時間内で時間が足りないのであれば、頭と体がリフレッシュ状態の「早出」で対応するほうが、会社にとっては利益になるのではないでしょうか。

これから無駄な残業をしないように、就業時間内は効率的に仕事を進めたいものです。

機械に勝るために
利益をあげる方法を「考える」

現在は、機械化、ＩＴ化がドンドン進んでいます。機械には休みが必要ありませんから、一旦機械を導入すれば、24時間、３６５日働かせることもできます。人間よりも、よっぽどコスト競争力があります。

しかし、人間にしかできないことがあります。利益をあげる方法を「考える」ことです。つまり、自分の仕事が機械にとって代わられないためにも、会社の利益をあげるための方法を必死に考えて、利益に貢献することが求められているのです。

それでは、会社の利益をあげる基本的な方法について考えてみましょう。

突然ですが問題です。あなたが勤める会社内で、「収益を増やすための方策」を2分以内に5つ考えてください。

どうでしょうか？　5つ考えられそうですか？

ここで5つ答えられない人は、残念ながら現段階では赤字社員です。ぜひこれからは、収益を増やすための方法を常に考えるようにしてください。

会社によって、収益を増やす具体的な方策は当然異なりますが、基本的には次の2つのアプローチが考えられます。

- 売上を増やす方法
- 売上以外の収益を増やす方法

まず、考えたいのは会社の本業である「売上を増やす方法」ですが、これにはさらに2つのアプローチがあります。

- 客単価アップ作戦→1人のお客様にたくさん買ってもらう
- 客数アップ作戦→より多くのお客様に買ってもらう

客単価アップ作戦には、2つの方法があります。

・商品単価を上げる
・買ってもらうアイテム数を増やす

また、客数アップ作戦にも、２つの方法があります。

・新規客を増やす
・リピート客を増やす

このようにして掘り下げていくと、いろいろな案が出てくるのではないでしょうか。

たとえば、商品単価を上げるのであれば、さらに「値引き販売をしない」「高級感を出して価格を上げる」などが考えられます。

買ってもらうアイテム数を増やすのであれば、「注文数が増えれば割引する」「パックメニュー、セットメニューの充実」「おすすめ商品の案内」など。

新規客を増やすのであれば、「ビラ・チラシなどの広告宣伝」「試供品などで販売促進」「既存客からの紹介促進」など。

リピート客を増やすのであれば、「ポイントカードの発行」「顧客とのコミュニケーション促進」など。

飲食業界などでは、ピークタイムにお客様が集中するため、「回転率を高める」という方法も重要になってくるでしょう。

また、売上以外で収益を増やす方法も、次のように考えることができます。

- 余っている現金預金を銀行に預けたり、どこかに貸して利息をもらう
- 含み益が出ている株式を売却して利益を得る
- 会社が持っている不動産をどこかに貸して賃料を得る
- 会社がもらうことができる助成金を調べて申請する
- 自社の商品ではないが会社の顧客に紹介してあげて手数料（キックバック）を得る

このような多面的なアプローチから、会社の収益を上げる方策を考えて、上司に提案・実行していくようにすればよいのです。

収入を増やすためのロジックツリー

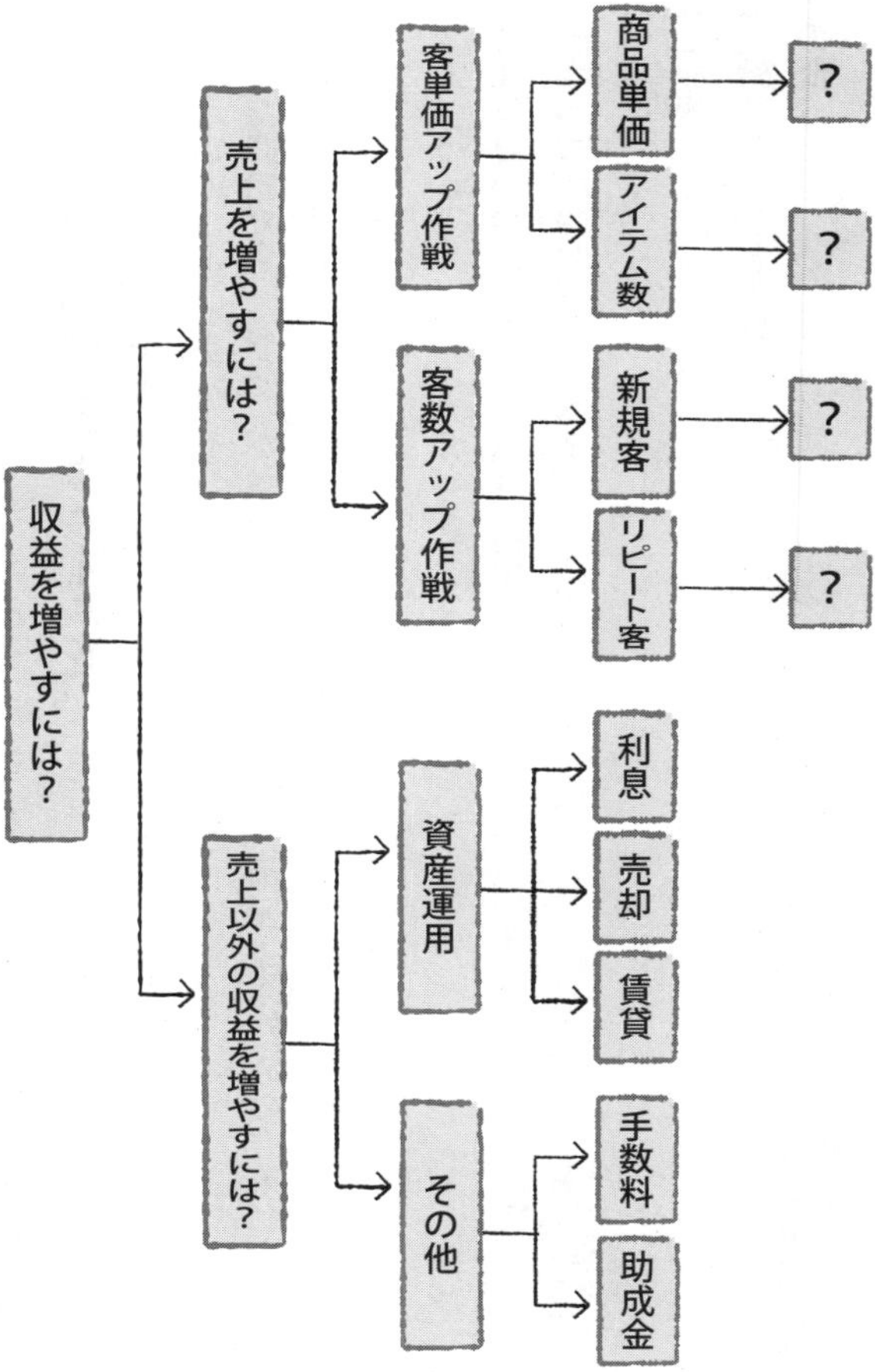

コスト削減の基本ルールを知っているか

では、また問題です。あなたが勤める会社で「コストを削減するための方策」を4分以内に10個あげてください。

どうでしょうか？　10個考えられましたか？

ここで10個思いつかなかった人は、残念ながら現段階では完全な赤字社員です。

会社によって方策は異なりますが、3つのアプローチから考えることができます。

①売上原価
②販売費及び一般管理費
③その他

まず、①の売上原価とは、売上を獲得するために直接かかったコストのことです。たとえば、卸売業や小売業であれば、お客様に販売するための商品の仕入コスト。製造業であれば、お客様に販売するための製品を作るためにかかったコスト。材料代や工場の現場で働く人たちの労務費、水道光熱費や機械（減価償却費）、外注加工費など、たくさんあります。

次に、②の販売費及び一般管理費とは、その名のとおり販売したり管理したり、通常の事業活動で必要となるコストのことです。

このコストをさらに掘り下げて考えてみると、「人件費」「販売費」「一般管理費」に分けることができます。

人件費であれば、給与、賞与、退職金、社会保険、福利厚生などのコスト。

販売費であれば、商品の発送のための費用（荷造発送費）、売上に際して、代理店などに支払う手数料（販売手数料）、広告宣伝費、販売促進費、旅費交通費などのコスト。

管理費であれば、オフィスなどの家賃（賃借料）、事務用消耗品費、通信費、水道光熱費、専門家に払う手数料（支払手数料）などのコスト。

③のその他というのは、銀行からお金を借りた場合に生じる利息、会社が持っている資産を売却したり、除却した場合に生じる損失、そして税金などのコストがあります。

このように掘り下げて考えていけば、コストを削減できるアイデアは、たくさん出てくると思います。

コスト削減を考える際に重要なポイントは、まず「売上に直接関係しない費用」から先に考えるということです。

売上原価や販売費は、売上に影響を与えるコストですので、こちらを削減すると、売上も一緒に減少してしまうリスクが生じます。

せっかくコストを削減したにもかかわらず、それ以上に売上が減少し、その結果、利益が減ってしまったというケースはよくあります。

まずは、「売上に直接関係しない費用」に目をつけ、そのあとに「売上に影響を与えるコスト」の削減を検討するのがよい流れです。

これからは、「このコストは売上に影響を与えるか？　それとも直接関係しないか？」を意識して、会社のコスト削減策を考えるようにしましょう。

コストを削減するためのロジックツリー

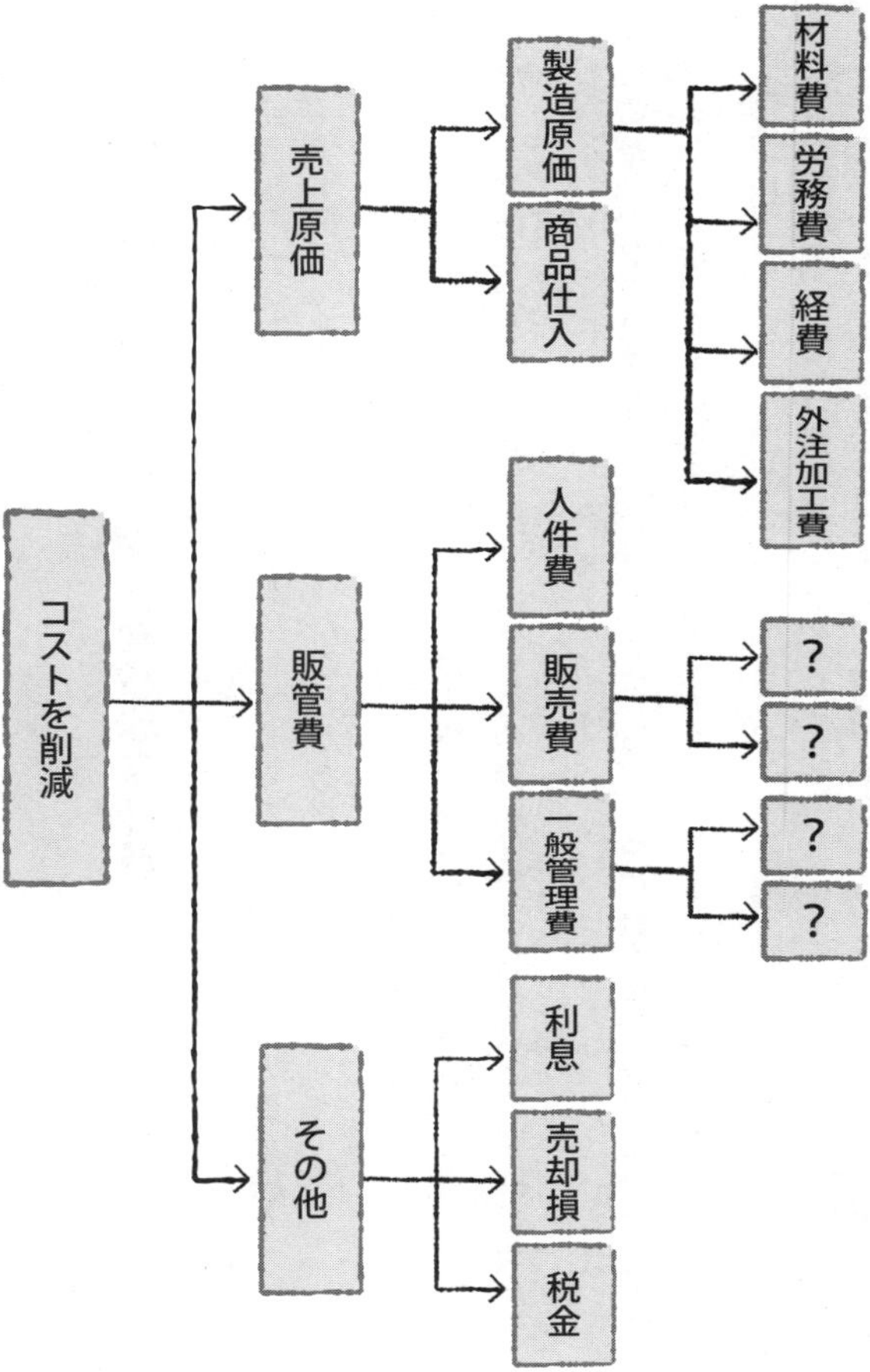

売上をあげても「資金繰り」を考えないなら赤字社員

利益とは直接結びつきませんが、会社にとって重要な観点、それは「資金繰り」です。

あなたは「黒字倒産」という言葉を聞いたことがありますか？

利益はしっかり出ているにもかかわらず、会社は潰《つぶ》れることがあります。

帝国データバンク「特別企画：２００８年度上場企業倒産の動向調査」によると、リーマン・ショックが起きた２００８年度、上場企業の倒産件数は戦後最悪の45件だったそうです。

それまでの最多が２００２年度の22件でしたので、まさに倒産ラッシュだったのですが、実はこの倒産した45件のうち21件、全体の半数近くが「黒字倒産」だったのです。

では、会社が潰れる定義とは何でしょうか？

とてもシンプルです。会社にお金がなくなったら倒産です。ビジネスというのは、お金がなくなったらゲームオーバーなのです。

商品・サービスを提供すると、その時点で利益は計算されます。しかし、その代金回収をする前に、持っているお金以上の支払いをしなければならなくなったら、そこで会社は潰れてしまうのです。

そのため、「代金回収はできるだけ早く」「代金支払はできるだけ遅く」というのが、資金繰りを改善するための鉄則です。

まず、売上代金の回収方法については、通常3つのパターンが考えられます。

- 前受《まえうけ》モデル → 商品やサービスを提供する前に、先にお金をいただく
- 現金販売モデル → 商品やサービスの提供と同時に、お金をいただく
- 売掛《うりかけ》モデル → 商品やサービスを提供した月ごとに締めを行なって、請求書を発行し、翌月（あるいは翌々月など）にお金をいただく

当たり前のことですが、このなかで一番資金繰りを楽にするのは「前受モデル」、その次に「現金販売」モデルです。

しかし、会社同士の取引で最も多いパターンは「売掛モデル」。

せっかく商品・サービスを提供しても、代金を回収する前にそのお客さんが倒産してしまったら、代金の回収はできません。ですから、入金までの時間が長くなればなるほど、回収不能のリスクが高くなるわけです。

にもかかわらず、本来支払ってもらう日が来ているのに、まだ回収できていないという延滞債権が、どこの会社でも見かけられます。

クレームが発生していたり、先方の資金繰りの事情であったり、請求書を発行するのを忘れていたりと、理由はいろいろあるでしょうが、**この「延滞債権に危機感を持っていない人」は、完全な赤字社員です。**

早急に回収するために、今すぐ動き出しましょう。

また、販売するための商品などの在庫は、先にその仕入代金を支払いますので、早く販売してお金に変えないと、資金繰りは当然厳しくなります。

さらには、在庫が大きくなればなるほど、保管のための場所代、実際にいくつあるか確認する棚卸しの手間、長く売れないことにより商品が陳腐化するリスクなど、いろんなデメリットが生じます。在庫を削減できないかを常に意識しましょう。

一方、仕入や経費の支払方法については、通常3つのパターンが考えられます。

- 前払モデル→商品やサービスを提供してもらう前に、先にお金を支払う
- 現金支払モデル→商品やサービスを提供してもらうと同時に、お金を支払う
- 買掛《かいかけ》モデル→商品やサービスを提供してもらった月ごとに締めが行なわれて、請求書が送付され、翌月（あるいは翌々月など）にお金を支払う

代金の回収とはまったく逆で、一番資金繰りを楽にするのが「買掛モデル」です。

支払期日が来ているにもかかわらず、安易に代金の支払を遅らせるのは、その後の取引の信用問題にもかかわるので、それはできないでしょう。

しかし、発注のタイミングを工夫することで、資金繰りを改善することもできます。

たとえば、特に急ぎではない商品の仕入や経費について、月末日ではなく、翌月の月初に発注すると、納品の遅れが2、3日なのに対し、支払の遅れは1ヶ月先に延ばすことができます。

このように「回収は早く、支払は遅く」を意識して、資金繰りの改善を考えましょう。

資金繰りを改善するためのロジックツリー

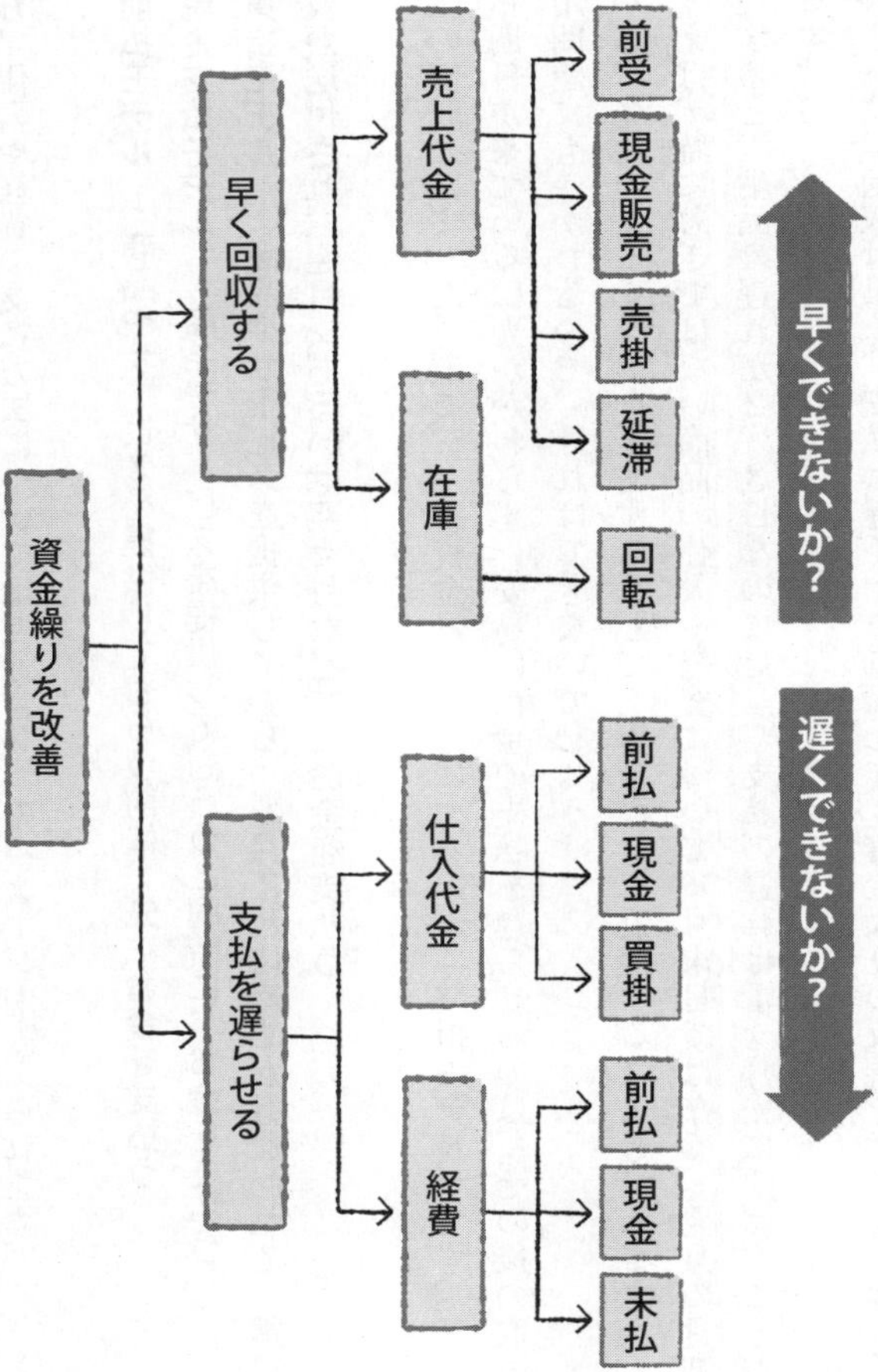

❸章

この30分で赤字社員が黒字社員に変わる

——社会人に必要な数字を「読み解く力」

これだけ読めれば十分！
3つの決算書

会社の利益に貢献するためには、まずは会社の実態を理解する必要があります。

その会社の実態を表しているものが「決算書」。「会社の通知表」のようなものです。

決算書の話をすると、以前に簿記を勉強したけど忘れたな〜と、苦手意識を持たれている方も多いでしょう。

少し説明すると、「簿記」というのは、「決算書の作り方」の知識です。もちろん、会社の決算書を作る経理部の方や、それをチェックする会計の専門家には必要な知識ですが、多くの社会人にとっては、特に必要な知識ではありません。

あなたが日常使いこなしている携帯電話やパソコンも、その作り方なんてわからないですよね。要するに「決算書の作り方」はわからなくても、「決算書の使い方」がわかれば十分なのです。

そこで、ここでは「決算書の使い方＝読み方」を解説していきます。

次ページの表を見てもらうとわかりますが、決算書というのは3つあります。その3つとは、「貸借《たいしゃく》対照表」「損益《そんえき》計算書」「キャッシュフロー計算書」です。

・貸借対照表は、決算日現在で会社はどれだけの財産や借金を抱えているか?

一般的に「BS（Balance Sheet）」とも呼ばれています。

・損益計算書は、決算日までの1年間でどれだけ儲かったのか?

よく「PL（Profit and Loss Statement）」とも呼ばれています。

・キャッシュフロー計算書は、決算日までの1年間でどんなお金の使い方をしたのか?

これは「CS（Cash Flow Statement）」とも呼ばれています。

私ども会計のプロは、いろんな会社の決算書を見て、よい会社かどうかを即座に判断しています。小宮一慶氏の『「1秒!」で財務諸表を読む方法』という本がベストセラーになりましたが、実際に1秒くらいで、「よい会社なのか?」を判断することは可能です。

その際に、どの決算書を見ているか、おわかりですか?

実は、真っ先にみる決算書は、**「貸借対照表」**なのです。

３つの決算書

貸借対照表（BS）

資産の部	負債の部
流動資産	流動負債
	固定負債
固定資産	**純資産の部**
繰延資産	資本金 利益剰余金

損益計算書（PL）

売上高
売上原価
売上総利益
販売費及び一般管理費
営業利益
営業外収益
営業外費用
経常利益
特別利益
特別損失
税引前当期純利益
法人税等
当期純利益

キャッシュフロー計算書（CS）

営業キャッシュフロー	＋ −
投資キャッシュフロー	＋ −
財務キャッシュフロー	＋ −
現金預金残高	

「貸借対照表」で会社の健康状態がわかる

貸借対照表は、大きく分けると「資産」「負債」「純資産」という3つに分かれます。

会社はそれぞれ得意な事業を行なっていますが、基本的な活動はどの会社も同じです。まず会社は、お金を集めてきて、そのお金で何らかの財産を購入し、そして儲ける活動をしていきます。

この「お金を集める」という活動を表しているのが、貸借対照表の右側に記載されている「負債」と「純資産」です。

そして、「何らかの財産を購入する」という活動を表しているのが「資産」です。

たとえば、あなたが飲食業を始める会社を設立したとしましょう。

お店の内装設備、厨房機器、備品、家主への保証金、その他材料、商品など、飲食店をスタートさせるために、ざっと見積もって2000万円が必要になったとします。

では、最初にしなければならないことは何でしょうか？

お金を集めることですよね。まず２０００万円を集めないと何もスタートできません。

仮に、あなたが貯金１１００万円を持っていたとします。であれば、この１１００万円を会社に入れて使うと思いますが、足りない９００万円はどうしますか？

おそらく銀行などのお金を貸してくれるところに頼んで、お金を借りますよね。

このようにして２０００万円を集めることになりますが、この自分で出した１１００万円と銀行から借りた９００万円、会社にとっての違いは何だと思いますか？

つまり、こういうことです。

自分で出した１１００万円 ↓（基本的には）返す必要なし
銀行から借りた９００万円 ↓ 返す必要あり

２章でも少し触れましたが、この自分の貯金から出した１１００万円は、通常、会社がそれに相当する株式を発行します。これは会社から見た場合、基本的に返済義務はありません。

貸借対照表

持っている財産

返す必要あり

貸借対照表（BS）

（単位：万円）

資産の部	2,000	**負債の部**	900
流動資産		流動負債	
手許現金	100	A銀行借入	300
商品	200		
固定資産		固定負債	
内装代	500	B銀行借入	600
厨房機器	400		
備品	200	**純資産の部**	1,100
保証金	600		
繰延資産	0	資本金	1,100

返す必要なし

一方の銀行から借りたお金は、ちょっと売上が芳《かんば》しくないので、「出世払いでお願いします」というわけにはいきません。銀行から借入をするときに交わした契約条件に基づいてきっちり支払わないと信用を失い、その後のビジネスもうまくいかなくなるでしょう。

少し前置きが長くなりましたが、会社から見て返さなければならないものを「負債」といい、返さなくてもいいものを「純資産」といいます。

そして先ほどの飲食店の会社のケースでは、集めた2000万円を内装代、厨房機器、備品など、必要なものに使っていき、最後に余ったお金は手許《てもと》現金として置いておくか、銀行に預金をします。

つまり、手許現金や銀行預金という財産を購入したと考えれば、集めた2000万円は必ず何らかのものに使われます。そこで、貸借対照表は、次のような公式になります。

資産＝負債＋純資産

さて、2章でも解説しましたが、会社というのは、お金がなくなったときに潰れるといいました。であれば、返さなければならない「負債」を、返せなくなったときに潰れるということです。

そうなると、**持っている「資産」に対して、返さなくてもいい「純資産」の割合が大きければ大きいほど、会社にとっては安心です。**

では、この返さなくてもいい純資産は、どうすれば大きくなるのでしょうか？

上場企業や成長性が高いベンチャー企業では、新たに株式を発行して、投資家に「自社の株式を買ってもらう」ということもあるのですが、基本的には、会社が利益をあげていくことが重要です。

後ほど解説する損益計算書の「当期利益」と、貸借対照表の「純資産」（利益剰余金）はつながっています。利益が出れば、この利益剰余金が毎年積み上がっていき、逆に損失が出れば、利益剰余金がドンドン減っていきます。

会社は利益を稼ぎ、純資産を増やせば増やすほど、健全になっていきます。

つまり、あなたの仕事は、究極的には健全な貸借対照表を作ることにつながっていなければいけないのです。

純資産の割合が大きければ、会社は安心

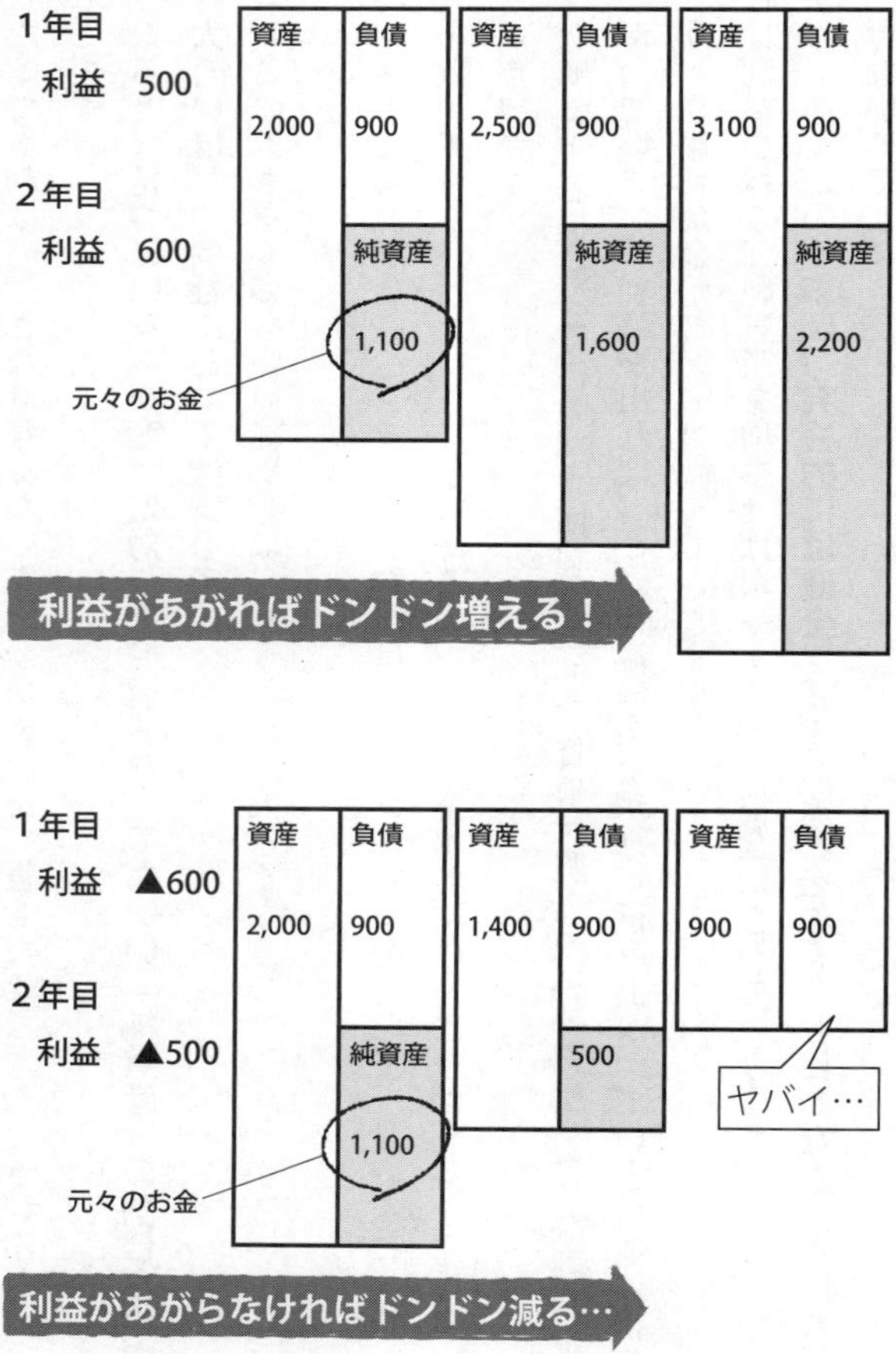

一瞬で会社をザックリ判断する「自己資本比率」

「よい会社かどうか?」を一瞬で判断するには、私は「自己資本比率」をチェックします。
これは、会社が持っている資産に対して、返さなくていいものの割合を表すもので、現在の会社の健全性を把握するのに最も役立つ指標です。

計算式で示すと、次のようになります。

自己資本比率 ＝ 純資産(自己資本)÷資産合計

業界の特性によって異なりますが、一般的には、50%以上は「超優良」、30%以上は「優良」、10%未満は「危険」、マイナスは「倒産寸前」というように考えられています。

計算する手間を省くためにも、上から3桁の数字を丸めた割り算で判断しています。

では、問題を出しますので、少しトレーニングをしてみましょう。

【問題①】　　　　　　　　　　　　　　　**（制限時間：10 秒）**

就活中の学生に戻ったつもりで、考えてみてください。

あなたが志望している業界2社（A 社・B 社）の貸借対照表を見ると、下記のような状態でした。

あなたは、定年まで働けるような会社を望んでいるとします。

どちらの会社に行ったほうがよいでしょうか？

（単位：百万円）

A社		
資産 97,183	負債 94,600	
	純資産 2,583	

B社		
資産 96,600	負債 48,541	
	純資産 48,059	

【問題①の解説と答え】

さて、あなたはどちらの会社を選びましたか？

自己資本比率を正確に計算すると、次のようになります。

A社は、純資産2583÷総資産97183＝2・6％

B社は、純資産48059÷総資産96600＝49・8％

しかし、一瞬で判断するのでしたら、

A社→総資産100として、純資産は2しかないの!?（この会社、大丈夫か？）

B社→返さなくていい純資産が、総資産の約半分か～（この会社は健全だ♪）

この程度のザックリさで十分です。

こうして見ると、B社のほうが圧倒的に健全ですよね。ちなみに、A社、B社は某就職人気業界の大手2社で、いずれも就職人気ランキングの常連会社です。

1年以内に「倒産」するか？「流動比率」をチェック

もう少し、貸借対照表を掘り下げて見ていきましょう。

「資産」と「負債」を詳しく見ると、「流動」と「固定」という言葉が出てきます。流動というのは「1年以内」、固定というのは「1年超」と覚えてください。

資産でいうと、

流動資産→1年以内にお金に変わりそうなもの

固定資産→お金に変わるのが1年以上先になりそうなもの

負債でいうと、

流動負債→1年以内に支払わないといけないもの

固定負債→支払が1年以上先でいいもの

となります。

そこで、貸借対照表で押さえておくべき2つ目の指標が「流動比率」というものです。
流動比率というのは、1年以内にお金に変わりそうなもの（流動資産）と、1年以内に支払わなければならないもの（流動負債）とのバランスなので、**短期的な安全性、いわば「1年以内の倒産危険度」を把握するのに役立つ指標です。**

計算式で表すと、次のようになります。

流動比率 ＝ 流動資産 ÷ 流動負債

こちらも業界の特性によって異なりますが、一般的には、この流動比率は200％以上は「超優良」、120％以上は「まあまあ」、100％以下は「注意」というように考えられています。

自己資本比率同様、こちらも一瞬で会社を判断するとなると、いちいち計算なんてしていられませんので、**「流動資産と流動負債はどっちが大きいか？」**ということで判断しています。流動資産が大きければ、安全ということです。

それでは、あなたも次のトレーニングをしてみましょう。

【問題②】 **（制限時間：10秒）**

さて、あなたが必死で営業をしていた2社から、新規で取引したいとの連絡がありました。

2社とも月末の締めで、翌月末に代金回収という取引条件ですが、2社の決算書を見ると、下記のような数字でした。

さて、あなたはこの2社との取引をどうしますか？

（単位：百万円）

A社	
流動資産 635,281	流動負債 305,115 固定負債 103,672
固定資産 423,889	純資産 650,383

B社	
流動資産 1,035,462	流動負債 3,152,383 固定負債 1,876,522
固定資産 3,896,578	純資産 ▲96,865

【問題②の解説と答え】

この2社と取引をするか、10秒で判断できましたか？　流動比率を正確に計算すると、

A社は、635281÷305115＝208・2％

B社は、1035462÷3152383＝32・8％

となります。しかし、数字を丸めて、

A社→流動資産が6000だから、流動負債（3000）の2倍もある！（大丈夫♪）

B社→流動資産10000って、流動負債（30000）の3分の1しかない（ダメだ…）

この程度のザックリさで十分です。

この2社との取引は、月末締めの翌月払いということですから、もし倒産されてしまったら、2ヶ月分の売上代金が回収できなくなるリスクがあります。

新しく取引を始める場合は、短期的な倒産危険度である流動比率はチェックしましょう。

いつまで売上がなくても大丈夫？
「手許流動性」

３つ目の指標「手許《ても》流動性」は、何ヶ月分の売上に相当する現金預金（及び有価証券）を持っているか、という指標です。言い換えれば、「まったく売上のあがらない状態が、いつまで続いても会社は大丈夫か？」がわかる指標です。計算式は次のとおりです。

（現金預金＋短期保有の有価証券）÷月商（売上高÷12）

「流動資産」のなかには、受取手形、売掛金、棚卸資産などが含まれています。
これらは、1年以内にお金に変わると考えられていますが、いざというときにすぐにお金に変わるものではありません。ひょっとすると、お金に変わらないかも知れません。
そこで流動比率よりも、さらに保守的に短期的な安全性を把握するための指標として、手許流動性があります。一般的に、1ヶ月～1・5ヶ月前後の会社が多いようです。

【問題③】 **（制限時間：１分）**

あなたの会社は焼肉店をチェーン展開していますが、先週末に「海外で狂牛病が発生！」というニュース報道がありました。報道によると、これまで以上に深刻なようで、今週は売上がまったくあがらなくなりました。

そんななか、マスコミの「焼肉店の経営危機」という報道に、多くの従業員は「もう倒産してしまうだろう」と不安になり、転職活動を始めている人も多いようです。あなたならどうしますか？

直近の会社の貸借対照表と損益計算書は下記のとおり。

【貸借対照表】

資産の部		
流動資産		流動負債
現金預金	80	20
その他	20	固定負債
固定資産		140
	200	純資産
		140

【損益計算書】

売上高	240
売上原価	120
売上総利益	120
販管費	100
営業利益	20

【問題③の解説と答え】

さて、あなたならどうするか、判断できましたか？

ここで重要なポイントは、売上がまったくあがらない状態がどのくらい続いても大丈夫か？　ということです。手許流動性の計算式は、次のようになります。

（現金預金＋短期保有の有価証券）÷月商（売上高÷12）

簡便的に有価証券はないものとして計算すると、次のようになります。

現金預金80÷月商20（240÷12）＝４ヶ月

つまり、この狂牛病騒動が長引いたとしても、４ヶ月は十分に持ちこたえられるということです。

まだ狂牛病発生後１週間なので、もう少し様子を見てから判断してもよさそうだと考えることができます。

流動比率・手許流動性は、高ければ高いほどいいのか？

流動比率や手許流動性が、短期的な安全性を示す指標であれば、高いほどいいと考えがちですが、そうではありません。この率を高めることがいいとなれば、究極的には、会社にお金を入れて何もしないのが一番良いということになってしまいます。

会社の目的は、利益を増やすことです。現金預金で持っていたら、わずかな利息しか生み出せません。利益を生み出すためには、事業活動に投資をしなければならないのです。ですから、流動比率や手許流動性は目安であって、会社の優劣は判断できないのです。

逆に、流動比率が低ければ本当にヤバイのでしょうか？

電力、ガス、鉄道などは、一般的に潰れないとのイメージが強い業界ですが、これらの業界では流動比率が60％程度と、低い水準の会社が少なくありません。

これらの業界は、日常のサービスで特に大きな出費はなく、逆に日銭商売のため代金回収が確実で資金化が早いので、低い流動比率であっても、安全性は低くないのです。

会社の「損失」と「利益」が表れる「損益計算書」

私ども会計のプロは、「よい会社かどうか?」を判断するためには、先ほど解説した「貸借対照表」をまずチェックします。

それでは「貸借対照表」の数値をよくするためには、どうすればよいのでしょうか?

それは、毎年コツコツと利益を積上げていくことです。利益があがれば、貸借対照表の純資産(利益剰余金)が増えていき、会社はドンドン健全になっていきます。

したがって、あなたは常に、「自分の仕事は会社の利益につながっているのか?」を意識しなければいけないのです。

そこで、従業員にとっては、売上と利益の明細である「損益計算書」を理解することが最も重要になります。

損益計算書に出てくる各項目の簡単な内容を、左ページに掲載してありますので、参考にしてください。

損益計算書

売上高 売上原価	お客様から頂いた売上 売上に直接関連するコスト
売上総利益 販売費及び一般管理費	商品・製品そのものの儲けは？ 販売や管理するためにかかったコスト
営業利益 営業外損益	本業での儲けは？ 利息など本業とは直接関係しないが、日常的に発生する利益及びコスト
経常利益 特別損益	経常的に稼げる能力は？ 土地の売却など特殊な要因で発生した利益またはコスト
税引前当期利益 法人税等	特殊な要因の損益も加味した利益は？ 会社が納める税金
当期利益	税金も納めて会社に残った利益は？

売上高	100	➡ お客様　から
売上原価	▲50	➡ 仕入先、外注先　へ
売上総利益	50	
販売費及び一般管理費		
人件費	▲20	➡ 従業員　へ
その他販管費	▲10	➡ 取引先　へ
営業利益	20	
営業外損益	▲5	➡ 銀行など　へ
経常利益	15	
特別損益	5	
税引前当期利益	20	
法人税等	▲8	➡ 社会全体　へ
当期利益	12	➡ 株主へ（将来の会社へ）

「効率的」に会社の利益に貢献するにはどうするか？

漠然と会社の利益に貢献しようと思っても、いろんな項目がありすぎて何をすればいいのか困ると思います。まずは、損益計算書の中で、あなたが貢献できるのは、いったいどの項目なのかを考えてみましょう。

まず、「営業」であれば、何といっても売上です。この売上をできるだけ増やすことが至上命題です。しかし、もうひとつ意識しなければならないのは、その売上を獲得するために、「どれだけのコストがかかったのか」ということです。

販売費及び一般管理費の中に含まれている、広告宣伝費、販売促進費、紹介手数料、営業先への旅費・交通費など、いろいろとかかっているはずです。

これらの経費をムダにすることなく、効率的に売上を増やすことが、会社の利益に貢献するということになります。

あなたが利益貢献できるものは？

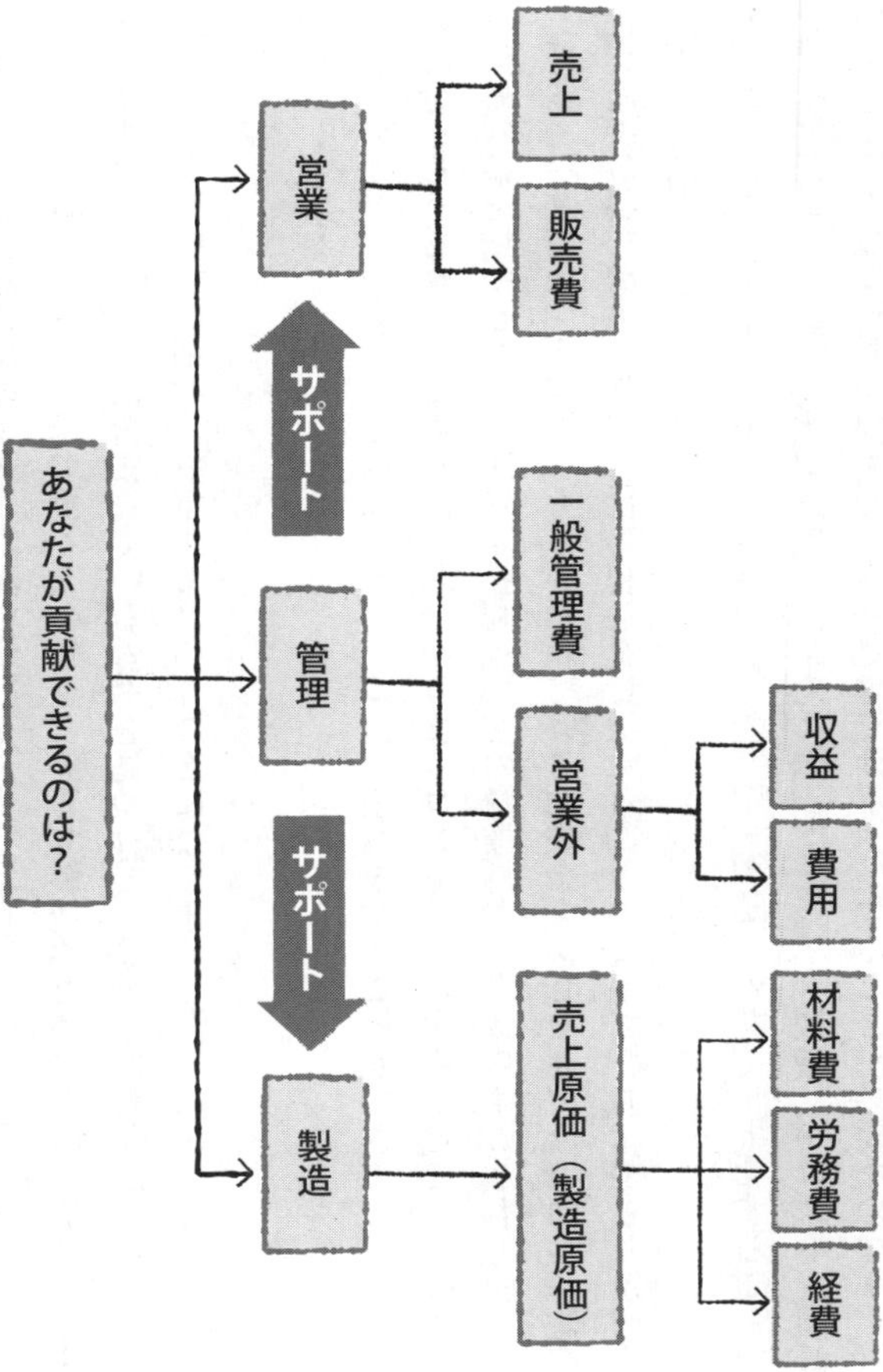

「製造」は、やはり製造原価のコスト削減です。

製造原価には、材料代や、工場で働く人の賃金、そして製造のために工場で生じる経費などがあります。これらの中に含まれているムダを見つけて、品質を保ちながら、コスト削減を図ることが、会社の利益に貢献するということになります。

「管理」は、一般管理費のコスト削減です。現在、当たり前のように生じている経費が、本当に必要なのか？　を考えることによって、コスト削減をすることができます。

会社のお金を扱う財務の方であれば、お金をうまくコントロールすることで、受取利息などの営業外収益を増やしたり、逆に支払利息などの営業外費用を減らすことも可能です。

また、総務や労務でも、今現在、もらい損ねている助成金を探したり、今の顧客基盤を使って代理店手数料を稼いだり、会社の利益を意識することによって、ちょっとした収入（営業外収益）を増やすことも可能です。

しかし、管理にとって最も重要なことは、「営業」や「製造」のサポートをすることです。「管理」は「営業」が売上を増やしやすいように、あるいは、「製造」がコストを削減しやすいように、有益な情報を提供し、事務処理でサポートすることが必要なのです。

損益計算書を見るなら、まずはこの3つ

あなたが仕事で利益貢献をするために、損益計算書では3つを押さえておきましょう。

・売上総利益率（粗利率）
・製造原価、販売費及び一般管理費の主要項目
・経常利益率

売上総利益率（粗利率）

売上総利益（粗利益）を売上高で割ると、「売上総利益率」が計算されます。

粗利率とも呼ばれますが、この粗利益は会社が生み出した付加価値であるため、**「ひとつの売上でいくらの価値を生み出したか」**を算定することができます。営業にとっては、絶対に押さえておきたいポイントです。それでは、少しトレーニングをしてみましょう。

【問題④】　　　　　　　　　　　　**（制限時間：１分）**

営業先の会社が、Ａ商品を 100 万円注文するか？　Ｂ商品を 200 万円注文するか？　で悩んでいます。
「営業」のあなたは、Ａ商品とＢ商品、どちらの注文を取りたいですか？

会社の商品別損益計算書を見ると下記のとおりでした。

（単位：百万円）

	Ａ商品	Ｂ商品
売上高	500	3,000
売上原価	350	2,700
売上総利益	150	300

【問題④の解説と答え】

どうでしょうか？　どっちが得か、わかりましたか？

売上総利益率（粗利率）を算出してみると、次のようになります。

A商品　150÷500＝30％

B商品　300÷3000＝10％

A商品を受注すると、100万円×30％＝30万円

B商品を受注すると、200万円×10％＝20万円

ということで売上は小さいですが、A商品を受注するほうが会社にとっては10万円多く儲かるということです。

会社にとっては、売上の大きさよりも、利益の大きさのほうが重要です。

ぜひ、これからは「売上総利益率（粗利率）」を意識してみてください。

製造原価、販売費及び一般管理費の主要な項目

コストを削減して利益貢献するためには、製造原価、販売費及び一般管理費のうち、どの科目の金額が大きいかを把握することも重要です。

先ほども解説しましたが、製造原価には、材料費、労務費、経費などの項目があります。その中でもどの項目がウエイトを占めているのかを把握することで、効率的にコスト削減を行なうことができるのです。

また、販売費及び一般管理費も同様に、管理がコスト削減を検討する際に役立ちます。製造、管理ともに、コスト削減を検討する際には、どの項目がウエイトを占めているのか、絶対に押さえておきたいポイントです。

それでは、またトレーニングをしてみましょう。

【問題⑤】　　　　　　　　　　　　　**（制限時間：１分）**

社長から、全社員に前期の損益計算書についての報告がありました。

社長からは、今期も赤字になると会社存続の危機になるので、全社一丸となって黒字に向かって欲しいとの話がありました。

営業も黒字化に向けて数値計画を立てていますが、あまりの経営環境の厳しさに、前期並みの売上をキープするのが精一杯だろう、ということでした。

このような状況のもと、「管理」のあなたは、コスト削減を考えなければなりません。

あなたなら、どのコストに注目しますか？

前期の損益計算書は下記のとおりです。

（単位：百万円）

売上高	300
売上原価	▲150
売上総利益	150
販売費及び一般管理費	
販売促進・広告費	▲40
人件費	▲80
家賃・水道光熱費	▲15
保険料・その他	▲25
営業利益	▲10

【問題⑤の解説と答え】

いかがですか、コスト削減案は固まりましたか？　ここでのポイントは2つです。

Ⓐ金額的に重要性の高いコストは何か？

Ⓑ売上に直接関係しないコストは何か？

Ⓐでは、「売上原価」、「人件費」、「販売促進・広告費」です。

Ⓑでは、「家賃・水道光熱費」、「保険料・その他」、「（一部の）人件費」などです。

前述の会社のケースであれば、まず「人件費」が最重要項目になります。

仮に「人件費」を1割削減すると、「80×10％＝8」のコスト削減です。

もし、売上が前年並みに上がるのであれば、あと「2」のコスト削減をすれば、赤字の解消につながるわけです（従業員のモチベーション低下などのリスクもありますが）。

人件費を1割削減するといっても、次の2つのアプローチが考えられます。

a）給与を10％下げる

b）人員を10％リストラする

このような会社だと、赤字社員は完全にリストラ候補になってしまいます。

黒字社員として、効果的なコスト削減が提案できるように、これから会社の主要な経費項目は押さえましょう。

経常利益率

経常利益を売上高で割ると、経常利益率が計算されます。

経常利益とは毎年コンスタントに稼げる利益、つまり会社の真の実力を表す利益とされています。

ひとつの売上で、会社は通常どれくらいの利益をあげているのかがわかります。

この経常利益率は業種にもよりますが、10％以上ある会社は優良会社といわれています。

私がこれまで接してきた優れた経営者たちは、この経常利益率を使って「この経費を使えば、これだけの売上が期待できるか？」と考えて意思決定をしています。

それでは、またトレーニングをして考えてみましょう。

【問題⑥】 **（制限時間：１分）**

あなたが「営業」のスキルアップのために行きたいと思っていた研修に、会社の費用負担で行かせてもらえることになりました。

その研修費用、宿泊費、往復の交通費などを含め、研修コストは50万円です。

上司からは、「研修の成果を活かして活躍してくれよ。期待しているからな！」と言われました。

さて、あなたはどれくらいの売上を期待されているでしょうか？

なお、会社の損益計算書は下記のとおりです。

（単位：百万円）

売上高	20,000
売上原価	▲18,000
売上総利益	2,000
販管費	▲1,800
営業利益	200
営業外損益	－
経常利益	200

【問題⑥の解説と答え】

まず、経常利益率を計算してみると、次のようになります。

経常利益200 ÷ 売上高20000 ＝ 1％

あなたへの研修費用は、今すぐ何かの売上につながる費用ではありません。したがって、会社にとっては本来負担する必要がない費用かもしれません。そのコストが50万円です。会社がそれだけの追加コストを払って、あなたに期待している売上は次のとおりです。

50万円 ÷ 1％ ＝ 5000万円

つまり、これだけの売上をあげなければなりません。それが黒字社員です。

大手企業では、会社の経費でＭＢＡを取得するための海外留学をさせてもらっている、とても恵まれている方もいます。このような費用も、この経常利益率で割ることによって、会社がどれだけの期待を込めて、留学させているのかが把握できます。

会社はこれからどうなるの？キャッシュフロー計算書

さて、ここからは「おまけ」です。

この章は30分で学べるというコンセプトですので、「もう30分経ったよ」という方は、第4章まで飛ばしてかまいません。まだ余裕のある方は、引き続きお付き合いください。

次は、「キャッシュフロー（CF）計算書」の解説です。キャッシュフロー計算書とは、決算日までの1年間でどんなお金の使い方をしたのか、を示したものです。

貸借対照表は、「この会社はよい会社か？」を即座に判断するのに有益な決算書でした。損益計算書は、「あなたの仕事が、利益につながっているのか」を理解するのに、有益な決算書でした。

そして、このキャッシュフロー計算書は、「この会社は、これからどうなっていくの？」を推測するのに、有益な決算書なのです。

キャッシュフロー計算書

営業活動によるキャッシュフロー	＋ −
投資活動によるキャッシュフロー	＋ −
財務活動によるキャッシュフロー	＋ −
現金及び現金同等物の増減額	＋ or −
現金及び現金同等物の期首残高	
現金及び現金同等物の期末残高	

「営業活動によるキャッシュフロー」では、本業でお金が増えたのか？　それとも減ったのか？　がわかります。

「投資活動によるキャッシュフロー」では、将来稼ぐためにお金を使っているのか？　あるいは、過去に投資したものを売却してお金に変えたのか？　がわかります。

「財務活動によるキャッシュフロー」では、借金は増えているのか？　それとも減っているのか？　がわかります。

「現金及び現金同等物」は、すぐにお金に変わるものという意味で現金、当座預金、普通預金、３ヶ月以内の定期預金などのことです。

キャッシュフロー計算書は ココだけ押さえる

本業でちゃんとお金が増えているの？（営業活動CF）

最初の区分である営業活動キャッシュフロー。

これは、「利益をあげる」という活動でのお金の流れです。要するに、「本業でちゃんとお金を稼いでいるのか？」ということです。

「損益計算書の営業利益と何が違うの？」と思われた方もいらっしゃるでしょうが、2章の資金繰りのところで少し解説しました。利益は商品・サービスを提供した時点で計算しますが、その代金の回収や支払のタイミングは異なります。

この違いが出る主な項目としては、次のような項目があります。

売掛金・受取手形

商品を販売したので、利益はプラス。しかし、お金はまだ回収していないので、キャッシュフローには反映されない。

買掛金・支払手形

販売するための商品や材料を購入したので、利益はマイナス。しかし、お金はまだ支払っていないので、キャッシュフローには反映されない。

棚卸資産

販売するための商品や材料のうち、売れ残っているものなので、利益には反映されない。しかし、売れ残っていてもお金は支払っているので、キャッシュフローはマイナス。

減価償却費

過去に購入した固定資産が使用期間に応じて償却費が計算されるので、利益はマイナス。しかし、この償却費は過去に支出済みのため、キャッシュフローには反映されない（過去の固定資産購入時は、投資活動キャッシュフローのマイナス）。

将来、しっかり稼ぐためにお金を使っているの？

次に区分されているのが、投資活動キャッシュフローです。

これは、「何かに投資する」という活動でのお金の流れです。

要するに、「将来もっと稼ぐためにお金を使っているか？」あるいは、「過去に投資したものを、売却してお金に変えたか？」ということです。

製造業であれば、工場や機械装置などの設備投資でお金を使えば、投資活動キャッシュフローがマイナスになります。逆に、工場の閉鎖に伴い、土地を売却した場合には、投資活動キャッシュフローがプラスになります。

また、会社を売ったり買ったりするM＆Aも、この投資活動キャッシュフローです。

借金は増えているの？　それとも減っているの？

最後に区分されているのが、財務活動キャッシュフロー。これは、「お金を集める」という活動でのお金の流れです。

つまり、「借金は増えているの？　それとも減っているの？」ということです。

たとえば、銀行からお金を借りると、この財務活動キャッシュフローがプラスになりますし、逆に借りていたお金を返せば、マイナスになります。
また、株式を発行して投資家からお金を集めた場合にも、この財務活動がプラス。
逆に、利益が出たので株主に配当を支払う場合には、財務活動がマイナスになります。

ここまで3つの活動について解説しましたが、このキャッシュフロー計算書には、理想のパターンがあります。

まず、営業活動キャッシュフロー。これは、絶対にプラスであること。大きければ大きいほどいいのです。本業で、お金が増えていないと厳しいですから。

次に、投資活動キャッシュフロー。これは、マイナスが望ましいです。将来の利益のために投資をしているということは、将来、さらに営業活動キャッシュフローが増える期待があります。

最後に、財務活動キャッシュフロー。これは、ケース・バイ・ケースです。そのときの会社の状況、金利などの経済環境によって、判断すべきものです。

さて、それではキャッシュフロー計算書でも、少しトレーニングをしてみましょう。

【問題⑦】　　　　　　　　　　　（制限時間：３分）

下記の８社のキャッシュフロー計算書から、最も良い経営状況と思う会社と、最も悪い経営状況と思う会社を挙げてください。

	営業ＣＦ	投資ＣＦ	財務ＣＦ	増減
A社	100	100	100	300
B社	100	100	▲400	▲200
C社	100	▲400	400	100
D社	300	▲200	▲200	▲100
E社	▲300	100	200	0
F社	▲100	400	▲100	200
G社	▲100	▲200	200	▲100
H社	▲100	▲100	▲100	▲300

【問題⑦の解説と答え】

どうでしょうか、答えは出ましたか？　答えは、次のとおりです。

最も良い経営状況と考えられる会社↓Ｄ社
最も悪い経営状況と考えられる会社↓Ｅ社

以下、それぞれのお金の使い方について、推測してみます。

Ａ社：何か大きなことを企んでいる？

本業で稼いだうえに、過去に投資したものも売却し、さらに借入までして、お金を集めています。将来のために、何か大きな投資を企んでいるのかも？

Ｂ社：財務体質強化中？

Ａ社と同じく、本業で稼いだうえに、過去に投資したものも売却していますが、その集めた資金以上に借入の返済を行なっています。借入返済に積極的で財務体質強化中か？

C社：イケイケタイプ？

本業で稼いでいますが、その4倍の額を将来の投資のために使っています。その資金は将来返済しなければならない借入で全額賄《まかな》っています。まさにイケイケ営業タイプ？

D社：超優等生？

8社の中では最も本業で稼ぎ、その稼いだ範囲内で将来の投資のために使っています。さらに借入返済まで進め、潤沢な資金を抱える超優等生タイプ？

E社：死亡寸前タイプ？

8社の中で最も本業が厳しく、過去に投資した物件を投げ売り。また、足りない分は、この期に及んで借入まで増やし、まさに資金調達に奔走中。将来のお金になるはずのものもすでに処分済みで、どこまで持ちこたえられるのか？

F社：大リストラ実施中？

本業が厳しいため、過去に投資した物件をどんどん売却して資金集め。集めたお金で借入の返済も行ない、大リストラ実施中で、これから小さく出直しか？

G社：意外に将来見通し明るい？

本業は厳しかったにもかかわらず、将来のために投資をしている。そのための資金も銀行から借入しており、意外と将来に向けて自信のある計画見通し？

H社：昔は儲かっていたタイプ？

G社と同じく、本業が厳しかったにもかかわらず、将来のために投資をしている。おまけに借入の返済まで行なっており、現金預金は潤沢にありそう。

昔は儲かっていたんだけど……というタイプか？

このように、キャッシュフローのプラス、マイナスを見るだけで、会社の経営状況が推測できます。

ぜひ、あなたが勤めている会社のキャッシュフローはどのタイプか、一度チェックしてみてください。

❹章

ワンランク上の黒字社員はここまで考える

――「身近な疑問」から学ぶ会計応用講座

いくら売り上げれば会社は黒字になるのか？

3章では決算書の読み方を解説しました。4章では、あなたが数値を使って、合理的な意思決定ができるようになるための会計知識について、解説していきます。

この章の目的は、数値を使って、あなたに採算計算の意識を持っていただくことです。

黒字社員になるためには、いくらの売上が必要なのか？

どちらの案を採用するほうが、会社にとって得になるのか？

あなたがミスしたことによる会社の損失額はいくらなのか？

といった内容を一緒に考えてみたいと思います。

まず、次の問題を考えてみてください。

ポイントは、費用について参加者の数によって金額が変わる「変動費」と、参加者の数が何人になろうとも変わらない「固定費」に分けて考える点です。

宴会の幹事経験の豊富な方には、簡単だと思います。

【問題⑧】　**（制限時間：１分）**

あなたは学生時代の同窓会の幹事をすることになりました。

友人たちから、「みんな社会人で活躍しているんだし、少しリッチに行こうよ！」と言われ、高級ホテルで同窓会をすることにしました。

見積ったところ、次のようになりました。

- **会場代：20 万円**
- **飲物・料理代：１人当たり 7,000 円**

飲物・料理代が 7,000 円ということだったので、１人当たりの会費を 12,000 円としました。

さて、あなたはこの同窓会に、最低何人集めなければいけないでしょうか？

【問題⑧の解説と答え】

この問題では、会場代の20万円は「固定費」、飲物・料理代は「変動費」となります。

そして、売上から変動費を差し引いたものを、「限界利益《げんかいりえき》」といいますが、

1万2000円（会費）－7000円（飲物・料理代）＝5000円（限界利益）

これが1人当たりの限界利益となります。

会場代の20万円は、参加者の限界利益から回収しなければなりませんので、

20万円（固定費）÷5000円（限界利益）＝40人

というわけで、答えは40人となります。

簡単ですよね。実は、これと同じようなケースを考える場面が、会社の中でもよく起こっているのですが、あなたは意識して計算できているでしょうか？

では、次の問題も一緒に考えてみましょう。

【問題⑨】 **（制限時間：3分）**

あなたは、会社の主力商品の販売戦略について、次の2つの案を考えました。

A案：積極的に広告費（固定費）をかけるプラン
B案：広告費はかけず、お客様をご紹介していただいた方に紹介手数料（変動費）を支払う紹介キャンペーン

あなたは、A案とB案について、下記のように損益予測を立てました。

	A：積極的に広告	B：紹介キャンペーン
売上高	100万円	100万円
変動費	40万円	80万円
限界利益	60万円	20万円
固定費	50万円	10万円
営業利益	10万円	10万円

（1）仮に、あなたが予測していたよりも売上の状況が厳しく、30%減の70万円となった場合、どちらのプランが儲かるでしょうか？

（2）逆に、あなたが予測していたよりも売上の状況が好調で、30%増の130万円となった場合、どちらのプランが儲かるでしょうか？

【問題⑨の解説と答え】

どうでしょうか？　A案、B案の数字がどのように変化するか、わかりましたか？

先ほどの同窓会の幹事のケースでも触れましたが、変動費とは売上の増減に伴って変動する費用です。

たとえば、販売した商品の仕入原価や、その発送費、販売手数料などがあります。このケースでは、B案の紹介手数料が変動費となります。

一方の固定費とは、売上の増減に伴って変動せず、固定的に発生する費用です。

たとえば、人件費やオフィスの家賃など、たくさんの経費があります。このケースでは、A案の広告費もすでに発生し、売上の増減に伴って変動しないので固定費となります。

変動費がどう変わるのか、当初の損益計算書を見ると、次のようになります。

A案　売上原価40÷売上高100＝40%

B案　売上原価80÷売上高100＝80%

つまり、売上高に上記の変動費割合を掛けると、変動費が算出されます。

（1）売上が 70 万円になった場合、A 案、B 案の損益計算書は下記のように変化

	A案	B案
売上高	70 万円	70 万円
変動費	28 万円	56 万円
限界利益	42 万円	14 万円
固定費	50 万円	10 万円
営業利益	▲ 8 万円	4 万円

結果、B 案のほうが儲かる

（2）売上が 130 万円になった場合には、A 案、B 案の損益計算書は下記のように変化

	A案	B案
売上高	130 万円	130 万円
変動費	52 万円	104 万円
限界利益	78 万円	26 万円
固定費	50 万円	10 万円
営業利益	28 万円	16 万円

結果、A 案のほうが儲かる

このように、変動費と固定費が異なれば、売上高の増減に応じて、利益の額が変わってきますが、このような関係を示す図表として「損益分岐点図表《そんえきぶんきてん》」というものがあります。

次ページ図表の濃い色線が売上高、薄い色線が費用（コスト）を表しています。これらの交わるところが、収支がトントンになる点。これを損益分岐点といいます。

売上高がこの点を上回れば黒字になり、逆に下回れば赤字になるので、会社への利益貢献を考えるために、押さえておきたい重要なポイントです。

この損益分岐点売上高は、次のように計算します。

損益分岐点売上高＝固定費÷限界利益率

限界利益とは、売上高から変動費を差し引いたものなので、次のようになります。

限界利益率＝1－（変動費÷売上高）

難しいなら、限界利益率を損益計算書の売上総利益率（粗利率）と考えてください。

損益分岐点図表

A案

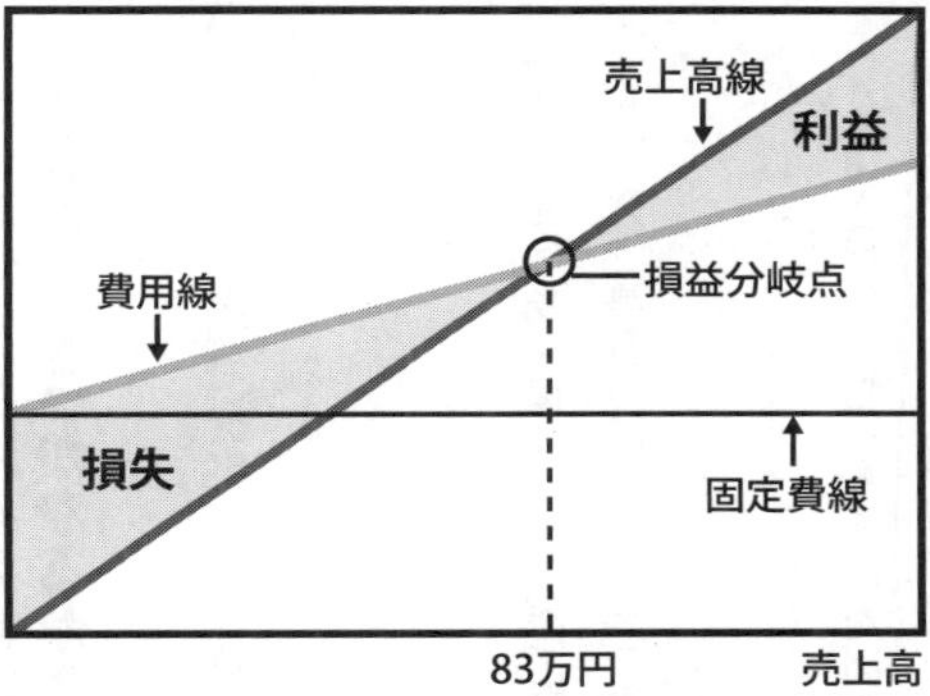

50万円 ÷（1 −40%）＝ 83万円

B案

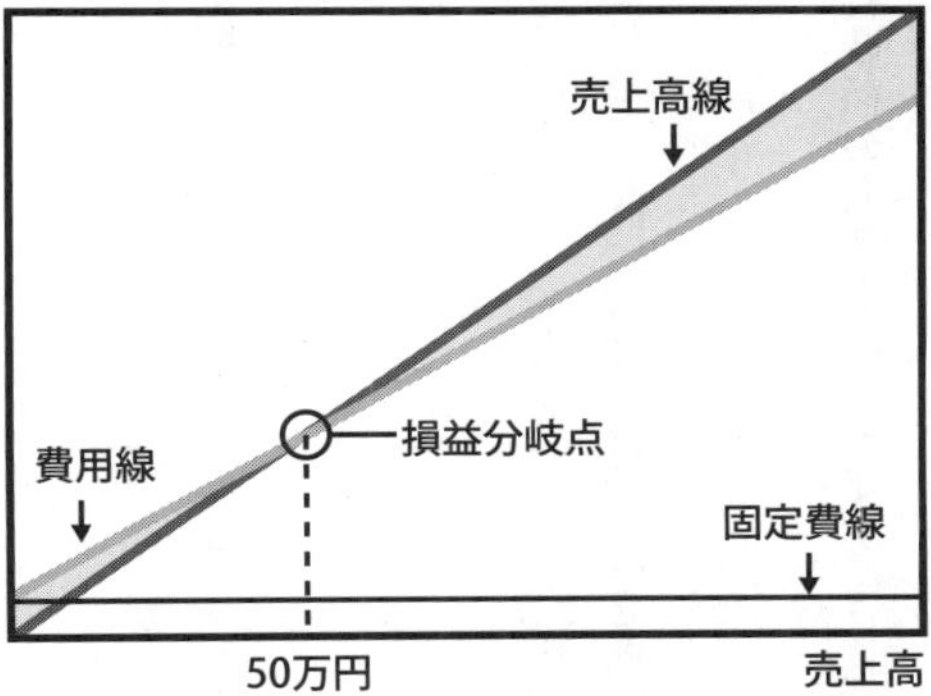

10万円 ÷（1 −80%）＝ 50万円

その利益をあげるために
お金はいくらかかるか？

たとえば、あなたが社内で提案された新規事業の2案を検討し、会社にとってよりメリットのある事業案を報告するように指示されたとします。

それぞれの事業の予想数値及び必要な投資額は次のとおりでした。

A事業：（予想）売上高10億円　（予想）営業利益1億円　必要な投資額50億円

B事業：（予想）売上高5億円　（予想）営業利益3000万円　必要な投資額2億円

さて、あなたはどちらの事業案を報告しますか？

会社は、よりたくさんの利益を上げたいため、利益金額の大きさは重要です。しかし、その利益を上げるために必要な投資額はいくらか？　これを押さえなければいけません。

投資効果については、次のように測定することができます。

得られる利益 ÷ 投資額 ＝ 投資の利回り（%）

であれば、A事業は年間1億円の営業利益を上げるための投資額は50億円ですから、

1億円 ÷ 50億円 ＝ 2%

一方のB事業は、年間3000万円の営業利益を上げるための投資額は2億円ですから、

3000万円 ÷ 2億円 ＝ 15%

予想営業利益は、A事業がB事業よりも3倍も多いにもかかわらず、投資の利回りで見ると、B事業が圧倒的に優れています。

A事業は、もし仮に必要な投資額50億円を銀行から借入して行なった場合、銀行からの借入金利が2%以上になったら、その金利が支払利息として計上され、経常利益段階では赤字になってしまいます。

不動産投資などでは、投資判断の際に当たり前のように使われている考え方です。

会社に与えた損失額はいくらだったのか？

次は、あなたがミスをしてしまったときに、会社に与えた損失額がいくらになるのかを考えてみましょう。

ここでの重要なポイントは、2つあります。

1つは、2章でも少し解説しましたが、本当は得られるはずであった利益を得そこなったという「機会損失」の考え方です。

もうひとつは、「埋没原価《まいぼつげんか》」と呼ばれるものです。

これは、すでに支払ってしまったので今さらどうしようもないコストのことで、将来の問題を考えるときに無視しなければならないものです。

この機会損失と埋没原価を意識して、次の3つの問題を一緒に考えてみましょう。

【問題⑩】　　　　（制限時間：２分）

あなたは、オフィス街でお弁当の移動販売をするＡ社で働いています。Ａ社の「幕の内弁当」は大人気で、毎日限定 50 個を販売しているのですが、昼過ぎには完売してしまいます。

ある日、あなたがオフィス街で販売の準備をしているときに、うっかり「幕の内弁当」を１個落としてしまい、とてもお客様には販売できないので、捨ててしまいました。

さて、あなたが「幕の内弁当」を１個落としたことによって、会社に与えた損失額はいくらでしょうか？

幕の内弁当１個の売上と原価の構成は、下記のとおりです。

売上	500 円
売上原価	200 円
売上総利益	300 円

【問題⑪】　（制限時間：２分）

あなたは、駅前でお弁当屋を経営するＢ社で働いています。

Ｂ社の人気商品は揚げたての天ぷらなど、おかずが豊富な「幕の内弁当」です。

ある日、お客さんが「幕の内弁当」を注文しましたが、あなたはうっかり出来上がった「幕の内弁当」を１個落としてしまいました。このお客さんは、常連の方で、特に怒ることもなく待ってくれたので、すぐに「幕の内弁当」を作り直しました。

さて、あなたが「幕の内弁当」１個を落としたことによって、会社に与えた損失額はいくらでしょうか？

幕の内弁当１個の売上と原価の構成は、下記のとおりです。

売上	500円
売上原価	200円
売上総利益	300円

【問題⑫】　　　　　　　　　　　　**（制限時間：２分）**

あなたは、コンビニを多店舗展開するＣ社で働いています。

お弁当コーナーの人気商品は「幕の内弁当」。特に、帰宅の遅いサラリーマンに人気で、以前に早い時間帯に売り切れてしまった際に、「幕の内弁当は、もうないの？」という声が多かったほどでした。それ以来、売り切れが生じないように、いつも多めに仕入れています。

ある日、あなたがお弁当の陳列をしているときに、うっかり「幕の内弁当」を１個落としてしまいました。落とした後に踏んでしまい、とてもお客様には販売できないので、捨ててしまいました。

さて、あなたが「幕の内弁当」１個を落としたことによって、会社に与えた損失額はいくらでしょうか？

幕の内弁当１個の売上と原価の構成は、下記のとおりです。

売上	500円
売上原価	200円
売上総利益	300円

【問題⑩・⑪・⑫の解説】

いかがですか？　順番に解説していきましょう。

この3つの問題は、すべて「1個落としたことで、会社に与えた損失額は？」ということです。つまり、「落とさなかった場合」と「落とした場合」を比較すればよいのです。

もう1つのポイントは、会社に与えた損失額（利益のマイナス）を計算するので、「売上への影響」と「売上原価（コスト）への影響」を考えるということです。

まず、⑩の問題です。A社の「幕の内弁当」は昼過ぎには完売しています。ですから、落とさなかった場合には、500円の売上が確実に上がります。

しかし、落とした場合には売上は0円です。

売上原価（コスト）への影響ですが、A社は移動販売をしていますので、追加の製造はできません。したがって、落とした場合も落とさなかった場合も、すでに発生している200円の売上原価となります（答えは、P162へ）。

次に、⑪の問題ですが、先程のケースと同じ、売上と原価の構成です。

まず、売上への影響ですが、B社のケースでは、お客さんは待ってくれました。ということは、落とした場合も、落とさなかった場合も、売上は変わらず500円ということになります。

売上原価への影響ですが、B社のケースでは作り直しているので、落とした場合には、その分追加の売上原価が発生します（答えは、P162へ）。

⑫の問題です。まず、売上への影響ですが、C社では売り切れが生じないように、いつも多めに仕入れているということでした。

売り逃しという機会損失を避けるため、ある程度の廃棄を前提にしているわけです。

つまり、落とした1個は余ることが前提でしたので、落とした場合も、落とさなかった場合も、幕の内弁当1個分の売上はゼロとなります。

次に、売上原価（コスト）への影響ですが、C社は落としたからといって、その日に追加で仕入れることはありません。

したがって、落とした場合も、落とさなかった場合も、すでに発生している200円の売上原価となります（答えは、P162へ）。

【問題⑩の答え】

	落とさない場合	落とした場合	違い
売上	500円	0円	▲500円
売上原価（コスト）	200円	200円	0円
利益	300円	▲200円	▲500円

A社のケースであなたが会社に与えた損失額は、500円

【問題⑪の答え】

	落とさない場合	落とした場合	違い
売上	500円	500円	0円
売上原価（コスト）	200円	400円	▲200円
利益	300円	100円	▲200円

B社のケースであなたが会社に与えた損失額は、200円

【問題⑫の答え】

	落とさない場合	落とした場合	違い
売上	0円	0円	0円
売上原価（コスト）	200円	200円	0円
利益	▲200円	▲200円	0円

C社のケースであなたが会社に与えた損失額は、0円

このように、「もし、お弁当を落とさなかったら、得られた利益はいくらになっていたか?」というのが、会社の損失額になるのです。

この機会損失は、「もしも……」という仮定の話で実際には生じていないので、3章で解説した決算書には載ってきませんが、ビジネスにおいて非常に重要な考え方です。

また、「埋没原価」も採算や損得を考えるのに、非常に重要な考え方です。すでに支払ってしまった過去のコストで今さらどうしようもないのに、このコストにこだわって誤った判断をしてしまっているケースがよく見られます。

黒字社員は、このような用語を知らなくても、会社の損得を感覚で判断しています。

一方の赤字社員は、この感覚が理解できていないため、会社の損得を適正に判断できないのです。

「もしも、あの案を採用したら、会社は(今より)どれだけ利益が増えるのか?」
「もしも、この問題が表面化したら、会社は(今より)どれだけ損失が増えるのか?」

これからは「もしも……」のケースを考えて、自分の利益貢献額を意識しましょう。

❺章

あなたの「活躍度」診断、「リストラ度」診断
――「私自身」の数字が見えてくる

会社があなたに期待する「価値」は、なんと2億円超

これから、あなたの「会社での活躍度」を診断していきますが、その前に、あなたを採用するために、会社はどれだけのコストをかけたのかを考えてみましょう。

まず、会社にとって社員1人の採用は、どれくらいの投資になるのでしょうか？

国税庁が公表した「平成20年分民間給与実態調査」によると、1年を通じて勤務した給与所得者の1人当たりの平均給与は、430万円（平均年齢44・4歳）。男女別に見ると、男性533万円（平均年齢44・5歳）、女性271万円（平均年齢44・3歳）でした。

仮に、平均的な男性が新卒で会社に採用してもらい、定年まで40年間働くとすると、

40年×533万円＝2億1320万円

これが、あなたに対する会社の投資金額になるわけです。

もちろん個々の会社によって、給与の差はありますし、新卒で入った方、中途で入った方などさまざまだと思いますが、次のような公式が成り立ちます。

入社から定年までの年数×予想できる平均給与

会社にとってあなたの採用は、これだけの投資案件なのです。

ですから、第1のポイントは、会社はあなたに2億円以上の価値があるだろうと期待して、採用していることを理解しなければいけません。

次に押さえておきたいのは、そんなあなたを見つけ出すために、どれくらいのコストをかけたかということです。2億円を超える投資案件になるわけですから、会社としてはより多くの候補者から採用を決めようとします。

特に、新卒採用を行なっている大手企業では、

- リクナビやマイナビなどの就職サイトへの求人広告費

・会社パンフレットや採用ホームページなど、採用ツールの制作費
・会社説明会を運営するための会場費
・エントリー者に対する電話やハガキなどの通信費

など、多額のコストをかけて応募者をたくさん集めています。

新卒採用を行なっている大都市圏の企業では、平均すると1人当たり100万円くらいかけていると考えられます。

中途採用の場合でも、転職サイトへの求人広告費や、人材紹介会社への紹介手数料（初年度年収の約30％）など、やはり100万円くらいかけているケースがほとんどです。

ですから第2のポイントは、会社はあなたを見つけ出すために、100万円以上をかけているということです。

それだけではありません。大企業だと、採用募集枠に対して何十倍という学生がエントリーしてきます。たった1人採用するのに、その何十倍の人たちを選考することになるわけです。

その選考に当たる面接官には、短い面接時間で適正を判断する必要があるので、会社は優秀な従業員（＝黒字社員）を選んでいます。

もし、この黒字社員が面接官をしなければ、その時間にほかの仕事をすることで、会社に利益貢献しているはずです。

つまり、あなたを採用するために、黒字社員の機会損失まで発生しているのです。

これも、会社の事情によって異なるでしょうが、１００万円くらいの機会損失が発生しているケースが多いのではないでしょうか。これが第３のポイントです。

さらに入社後は、会社の仕事内容を理解していないあなたのために、会社は研修をしたり、現場では、先輩社員が仕事を教えてくれます。

この研修コストや、先輩社員が指導のために費やした時間コストもかかります。

おまけに会社は、この仕事を教えている研修期間でさえも、給与を支払ってくれるのです。これが学校であれば授業料を支払わなければいけませんが、逆に給与を支払ってくれるのです。

会社で仕事の要領を覚え、黒字社員として会社に利益貢献できるようになるまでの期間。

これが研修期間であり、この間に、あなたに支払われた給与、先輩社員が指導してくれた時間コストなどが、あなたへの教育コストです。

新卒で入社した方であれば、平均すると3年くらいでしょうか。その間の教育コストは、約1000万円になるでしょう。これが第4のポイントです。

これらをまとめると、あなたが新卒で入社した場合には、

①会社があなたに期待している価値 ➡2億円
②会社があなたを見つけ出すためにかけたコスト ➡100万円
③会社があなたを選考するためにかけたコスト ➡100万円
④会社があなたに活躍してもらうためにかけたコスト➡1000万円

会社は、あなたにこれだけのコストをかけて、利益に貢献してくれるだろうと期待していることを理解しましょう。

あなたは「いまの会社」で、給与の何倍稼ぐ必要があるか？

なぜ会社は、あなたに1200万円ものコストをかけたのでしょうか？　それは、2億円以上の価値があると期待しているあなたに、利益貢献してもらうためです。

では、世間一般の従業員は、会社にどれくらいの貢献をしているでしょうか？　それを確かめるには、**「従業員1人当たりの数値」**を計算してみるとわかります。

3章で解説した損益計算書の数値を、会社の従業員数で割ればよいのです。

上場会社であれば、有価証券報告書に「従業員の状況」という項目があります。

この従業員数で損益計算書の数値を割ると、従業員1人当たりの数値が計算されます。

そして、この従業員1人当たり数値を、その会社の平均給与で割ると「平均的な従業員は、一体、給与の何倍の売上・利益を稼いでいるのか？」がわかります。

各業界の有名会社の従業員は、どれくらい稼いでいるのかを集計してみたところ、次ページのような数値になりました。

有名会社の粗利・給与比

会社名	1人当たり 粗利益	平均給与	粗利・給与比 （倍）
三菱商事	1,735 万円	1,302 万円	1.3 倍
キリン ホールディングス	2,545 万円	976 万円	2.6 倍
花王	1,980 万円	772 万円	2.6 倍
サイバー エージェント	1,648 万円	577 万円	2.9 倍
ファースト リテイリング	3,094 万円	768 万円	4.0 倍
三菱東京 ＵＦＪ銀行	4,329 万円	787 万円	5.5 倍
楽天	3,928 万円	681 万円	5.8 倍
武田薬品	6,008 万円	953 万円	6.3 倍
任天堂	1 億 3,000 万円	893 万円	14.6 倍

＊平成 22 年 6 月末現在の各社の直近決算期の数値により算出しております。
＊「1 人当たり粗利益」は連結ベースで算出し、「平均給与」は親会社のデータを使用しております。
＊三菱東京 UFJ 銀行は、粗利益の把握が困難なため、簡便的に下記の計算式によっております。

粗利益 ＝ 経常利益 ＋ 営業経費 ＋ その他経常費用 － その他経常収益

上場会社の場合は、自社の数値を計算して、「ウチの会社では、給与の何倍の粗利益を稼ぐのが普通なのか？」を意識しましょう。

一方、未上場会社の場合には、残念ながら、このような詳しいデータはありません。決算書の開示をしていない会社のほうが多いので、自社の「従業員1人当たり数値」を把握するのは難しいでしょう。

しかし、業界ごとにある程度の期待値を推測することは可能です。

全国の税理士・公認会計士が精密監査した決算数値を、全国規模で集計した指標で、TKC経営指標（BAST）というものがあります。この指標では、各業種ごとの従業員1人当たりの売上、限界利益、人件費というデータが掲載されています。

ちなみに、ここで集計されている人件費には、給与だけでなく、法定福利費や福利厚生費等も含まれています。

法定福利費とは、あなたの社会保険料を、会社が折半で払ってくれているものですが、この金額は、給与の約13％～14％になります。

福利厚生費は会社によって異なりますが、5%程度が多いでしょう。そうすると、あなたに支払われる給与の約20%を、会社は人件費として追加で負担しているということになります。

そこで、このデータにある人件費を1・2で割った数値を給与と考えると、次ページのような集計結果となりました。

この数値は、全国の各業種における平均的な従業員の1ヶ月当たりの成績です。

業界によって売上には、かなりバラツキがありますが、限界利益（粗利と考えてください）は、2倍～2・4倍となっています。

しかし、上記の平均数値は、まだ会社に利益貢献できていない研修期間中の赤字社員も含めて計算された数値です。

したがって黒字社員の目安は、あなたがもらう「給与の3倍の粗利益」となります。

黒字社員になるために、これからは1人当たりの数値を意識するようにしましょう。

各業種における平均的な従業員の１ヶ月当たりの成績

（1ヶ月当たり数値）

業種	1人当たり売上	1人当たり限界利益	1人当たり給与	売上÷給与（倍）	限界利益÷給与（倍）
建設業	169万円	65万円	33万円	5.1	2.0
製造業	136万円	65万円	29万円	4.7	2.2
卸売業	406万円	77万円	33万円	12.3	2.3
小売業	184万円	58万円	24万円	7.7	2.4
宿泊・飲食サービス業	57万円	39万円	17万円	3.4	2.3
サービス	93万円	58万円	28万円	3.3	2.1

（TKC経営指標「BAST」平成22年1月決算〜3月決算より加工）

黒字社員？ 赤字社員？ あなたを診断する利益貢献倍率

あなたは黒字社員なのか？ それとも赤字社員なのか？ 簡易診断してみましょう。次ページの計算式で、あなたの会社への利益貢献倍率を出すことによって、黒字社員か赤字社員かの診断をすることができます。

それでは順を追って解説しましょう。

A：「自分が貢献した粗利益」ですが、個人別の成績が管理されている営業などではわかりやすいでしょう。

一方、チームとして動いているので、個人別の成績がわからない場合は、まず部署ごとの粗利益を把握してみます。

部門別の損益計算書があるところでは、自分の部門の数値。ないところは、会社の粗利益を他部署との貢献割合を考えて、ザックリと計算してみます。

黒字社員？　赤字社員？　簡易診断表

A：自分が貢献した粗利益	（＋）
B：自分が会社に与えてしまった損失	（－）
C：周囲に貢献した利益相当額	（＋）　× 人数
D：周囲に迷惑をかけた損失相当額	（－）　× 人数
E：合計	
F：あなたの給与	
G：あなたの利益貢献倍率（E÷F）	倍

たとえば、会社に営業、製造、管理という3つの部署があるとすると、営業40%、製造40%、管理20%といった感じでザックリの配分割合を考えます。すると、1億円の粗利益がある会社であれば、営業、製造が4000万円ずつ、管理が2000万円となります。この粗利益をその部署にいる人数で割ると、1人当たりの粗利益が計算できます。このときに、自分のその部署における貢献割合も考えて計算してみましょう。

たとえば、上記の製造部の人数が4人だったとすると、

1人当たりの粗利益4000万円÷4人＝1000万円

これが次のような感じになります。

仕事経験の浅い若手社員であれば、1000万円×0・7＝700万円
経験豊富なベテラン社員であれば、1000万円×1・3＝1300万円

これが、A：「自分が貢献した粗利益」となります。

B：「自分が会社に与えてしまった損失」ですが、これはあなたのミスにより会社が負担することになった損失額です。

これは、あなたが貢献した粗利益から当然マイナスになります。

細かいところでは、1章で解説したカラーコピーのミスなど、明らかに自分のミスでムダな経費を発生させたり、パソコン、車、機械装置などの会社の資産を壊してしまった場合の会社の実損額です。

C：「周囲に貢献した利益相当額」ですが、これはあなたのサポートで周囲の方が恩恵を受け、その結果、会社の利益に貢献した額です。

1章で解説したように、同僚の仕事をラクにして、その分の時間コストを削減し、会社の利益に貢献したり、トップ営業マンが自分の成功ノウハウをより多くの同僚に教え、自分だけでなく同僚の売上も増えて、会社の利益に貢献するようなケースです。

これは、ちょっとした仕事であっても、実は会社に与える利益相当額はとても大きくなります。なぜなら、その額は恩恵を受ける人の数に比例して大きくなるからです。

D：「周囲に迷惑をかけた損失相当額」ですが、これはあなたが周囲に迷惑をかけてしまい、その結果、会社に損失を与えてしまった額です。

これも、あなたが貢献した粗利益から当然マイナスになります。

1章で解説したように、同僚の仕事をムダに増やしてしまい、その分の時間コストを発生させたり、パワハラなどで退職者を増やしたり、部署内のモチベーションを低下させたりして、会社に大きな機会損失を発生させるようなケースです。

これは、自分では気づいていないことが多いですが、会社に与えてしまう損失相当額はとても大きくなります。こちらも、迷惑を被った人の数に比例して大きくなるからです。

このAからDまでの合計額を、あなたが会社からもらっている給与で割ってください。

それが、あなたの利益貢献倍率です。

この利益貢献倍率が3倍よりも大きいこと、これが黒字社員の条件です。

また、2章で会社にいる「4種類のジンザイ」を解説しました。

この「4種類のジンザイ」を、先ほどの利益貢献倍数で判定すると、

人財：利益貢献倍率が10倍以上
人材：利益貢献倍率が3倍以上10倍未満
人在：利益貢献倍率が3倍未満
人罪：利益貢献倍率がマイナス

このような目安になると私は考えています。

利益貢献倍率が10倍以上の「人財」なんて、そんな人いるの？　と疑問に感じる方も多いかも知れませんが、オーナー会社の親族以外で、従業員からスタートして経営者になるような人の多くは、この「人財」です。

また、従業員の立場から思い切って起業しても、ほとんどの人が失敗しますが、成功する起業家の多くも、この「人財」です。

確かに個人別の業績管理をしていない会社では、この利益貢献倍率を正確に算出することは困難でしょうが、重要なのは先ほどの簡易診断表の各項目を常に意識することです。

あなたも胸を張って黒字社員と言えるように、これから利益貢献倍率を意識しましょう。

あなたの給与と仕事能力の相関関係

テレビでお馴染みの池上彰氏は、著書『会社のことよくわからないまま社会人になった人へ』（海竜社）で、会社からもらう給与について、次のように説明しています。

「二十代新入社員は能力がほとんどゼロでも、初任給は二十万円を超えます。最初は、働き以上のたくさんの給料をもらうのです。やがて仕事を覚え、ベテランになるにつれて、能力と、その対価としての給料が一致するときがきます。三十代前半でしょうかね」

先ほどの診断では、「赤字社員だった」という方も多いのではないでしょうか。

しかし20代の方であれば、現段階で赤字社員というのは、ある程度仕方がありません。池上氏の解説にもあるとおり、大半の20代は能力が給与に見合わない、会社にとっての赤字社員なのです。会社も長期的なスタンスで採用し、将来のための投資と考えています。

給料と能力の相関図

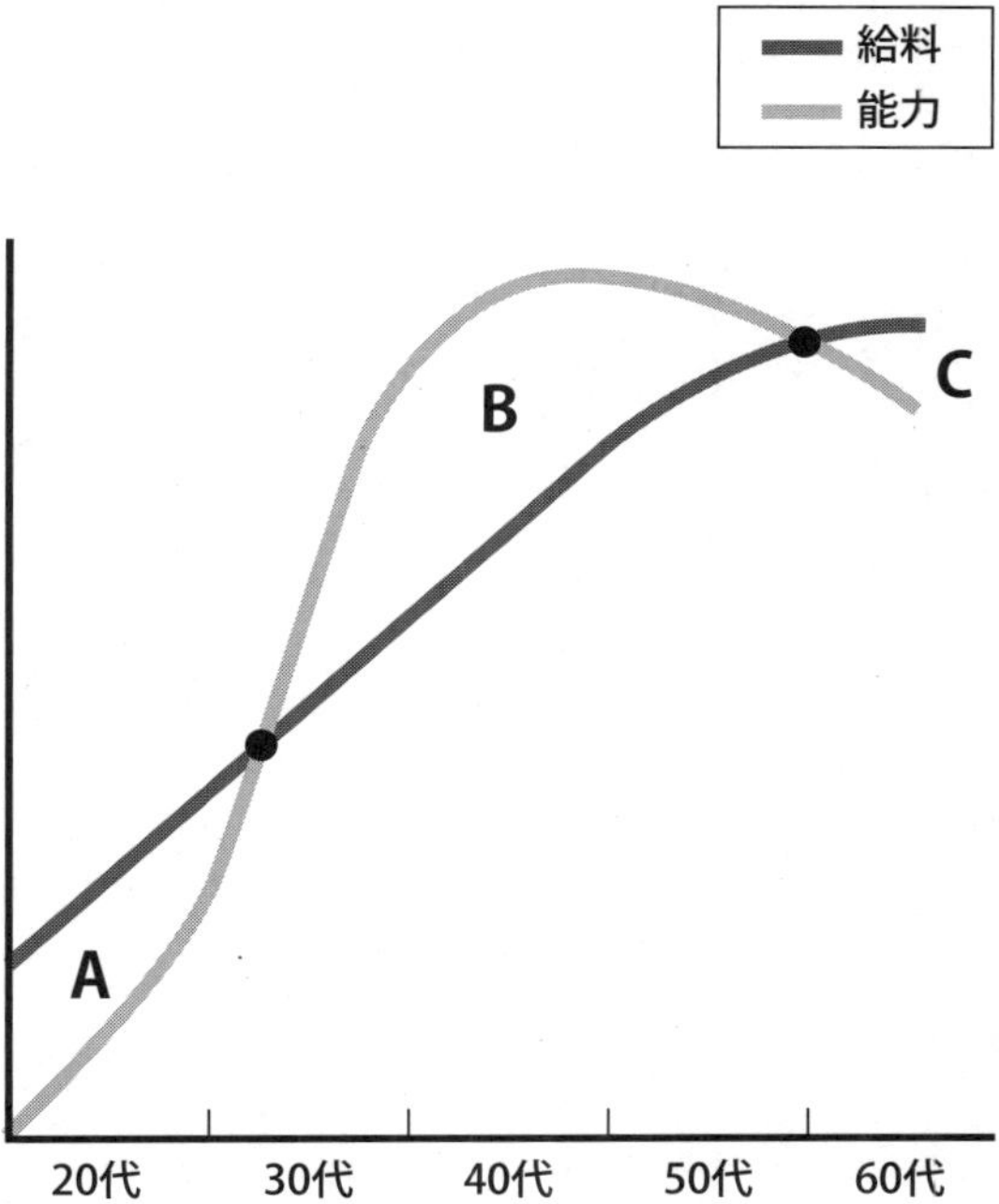
給料
能力
A
B
C
20代
30代
40代
50代
60代

しかし、ここで赤字社員が認識しておかなければならないのは、会社から「今までずっと給与をもらい過ぎていた」という事実です。

会社への利益貢献という観点からは、「給与を前払いでもらっていた」ということです。ですから早く黒字社員になって、会社にもらい過ぎていた分まで返さなければならないのです。

そして、少しでも周囲の役に立てることがあれば、進んでやらないといけないのです。

たとえば、仕事を頼んだときに、「はい、わかりました！」と返事を速く、明るく言えるAさん。そこで、「はあ」とため息をついてから、低いテンションで「わかりました」と言うBさん。

返事の仕方ひとつの違いだけでも、会社への利益貢献額は雲泥《うんでい》の差となります。

上司は何か手伝って欲しいときに、Aさんになら悩まず瞬時に仕事を頼めます。

一方のBさんには、上司は頼みたくありません。しかし、ほかに頼める人がいないとき、仕方なく頼みます。

上司がBさんに頼む前後数分間、明らかに上司の仕事の生産性が落ちるのです。

上司の給与が50万円、月に20日、1日8時間働くとすると、

50万円 ÷ 160時間 ＝ 3125円

これが1時間当たりの給与となります。そして、

3125円 ÷ 60分 ＝ 52円

これが1分当たりの給与となります。

仮に、Bさんに何かを頼む前後の10分間に生産性が落ちると、Bさんのその返事ひとつが520円の損失を生むのです。

これが毎日続いたら、一体、会社はどれだけの損失になるのでしょうか？

一方のAさんは、こういう損失を発生させずに会社に利益貢献していきます。

雑用でも何でも、明るい返事で、進んでやる人は、多くの人から仕事を頼まれるように

なるので、今は赤字社員であっても時間が経てば「人財」になっていきます。

したがって、今は赤字社員だったという人は、まずは仕事を頼んでもらえるように心がけることが大切なのです。

もちろん20代であっても、すでに立派な黒字社員で、会社にとって「人財」と期待されている方もいるでしょう。

そんな方の中には、「自分はもっと給与をもらってもいいのでは？」と不満に感じている黒字社員もいるかも知れません。

しかし、そのような方は、その差額分は会社に貯金していると解釈しましょう。会社に「信頼」という「残高」を預けていると。

この「信頼残高」が積み上がると、後に大きなリターンが得られます。自分のやりたいプロジェクトの提案をしやすくなったり、仕事がやりやすくなったり……。

「仕事の報酬は仕事である」という有名な言葉がありますが、黒字社員は、社内で徐々に大きな仕事を任されるようになり、そこでまた利益貢献していくことによって、必然的に給与にも跳ね返ってきます。

そのときまで貯金をしているつもりで、さらなる会社への利益貢献を目指しましょう。

「人在」は転職すると「人罪」になる

数年前に『若者はなぜ3年で辞めるのか?』(光文社)という本がベストセラーになりましたが、新卒で入社後、3年以内に辞める人が3割もいるといわれています。

私は、これをとても残念なことだと考えています。なぜなら、赤字社員は転職しても、**やはり赤字社員になる人がほとんどだからです。**

もちろん、早期退職者の中には十分に利益貢献した黒字社員で、新たなステップアップで転職するなど、正当な理由があって退職する方もいるでしょう。

しかし、この早期退職者のほとんどは、赤字社員です。

そして、会社に利益貢献できない、まだ仕事能力のない赤字社員が、経験(労働年数)だけをどんどん積んでしまうと、それは「害」になるだけです。

つまり「人罪」になってしまうのです。

会社の利益に貢献する意識のない赤字社員は、仕事の経験を積めば積むほど、自分の都合のよいように、会社を利用する方法を覚えていきます。

仕事の経験が浅い人は、当然、黒字社員から学べばいいのですが、黒字社員か赤字社員かの区別がついていないので、経験のある人に仕事を教えてもらおうとします。

このときに、赤字社員から仕事を教えてもらうと、やっぱり赤字社員になってしまう確率が高くなってしまうのです。会社にとって、これほど不幸なことはありません。

ビジネスにおいては、特に「誰と付き合うか」で、成長速度は大きく変わるものです。

したがって、転職者で会社から即戦力と期待されている場合には、3ヶ月で能力があることを示さなければ、試用期間で「さようなら」になるでしょう。

従業員に優しい会社であれば、その後も雇用は続けてくれるかもしれませんが、「リストラ予備軍」であることには間違いありません。

『外資系トップの仕事力』（ダイヤモンド社）の中で、日本エマソンの社長である山中信義氏は、次のように語っています。

「新しい組織、あるいは新しい会社に入ると、だいたい最初の三ヶ月が勝負なんです。最初の一ヶ月は、これまでの環境との差をインパクトとして受け止めて馴染む。次の二ヶ月目は何をやらないといけないのかを把握する。そして、三ヶ月目で具体的に何をしようかと動き始める」

四ヶ月目から黒字社員として活躍する――。

その自信がないのであれば、転職しても失敗するだけでしょう。

ですから、まずは今の会社で黒字社員になることを考え、それから転職を考えることが賢明といえます。

黒字社員に必要な5つの能力とは

繰り返しになりますが、黒字社員になるためには、会社の利益に貢献しなければなりません。とにかく、会社の利益に貢献できれば、「いてもいなくても、どっちでもいい人在」から、「会社の役に立つ人材」に変わるのです。

ですから、まず会社の利益に貢献するという意識、これが基本原則です。

経営学の父といわれるＰ・Ｆ・ドラッカーは、著書『経営者の条件』（ダイヤモンド社）で、成果をあげるための５つの能力として、次のように記述しています。

「第一に、何に自分の時間がとられているかを知り、残されたわずかな時間を体系的に管理する。第二に、外部の世界に対する貢献に焦点を合わせる。第三に、強みを中心に据える。第四に、優先順位を決定し、優れた仕事が際立った成果をあげる領域に力を集中する。第五に、成果をあげるよう意思決定を行う」

会社の利益に貢献する黒字社員は、やはり経営者意識を持つことが必要です。

そのために、この5つの能力が、黒字社員に求められる能力だと私は考えています。

①時間管理⬇ムダな時間をなくし、時間当たりの生産性を意識する
②貢献⬇顧客のため、会社のため、部署のためという貢献を意識する
③強み⬇会社の強み、部署の強み、自分の強みで、顧客、会社、組織に貢献する
④優先順位⬇どの仕事に力を入れるか？　真っ先にやるか？　など優先順位を考える
⑤成果（利益）⬇会社の利益につながる意思決定をする

黒字社員になるために、この5つの能力を意識して、仕事をすることが必要です。

次ページに、これらの能力を活かして「成果を出す黒字社員」になるためのアクションプランをまとめました。

あなたが会社でもっと評価され、会社の「人財」となるために、今すぐ行動するようにしましょう。

黒字社員になるためのアクションプラン

時間管理

アクションプラン	成果（利益）
□ 自分の仕事が「何に」時間がかかっているかを分析する	問題点の把握
□ １仕事当たりの時間効率を向上させる	時間コストの削減
□ ムダな残業をしない	残業コストの削減
□ 会議がスムーズに進行するよう、会議の目的を理解する	会議コストの削減
□ 「ホウレンソウ」を徹底する	周囲のムダ時間の短縮
□ 仕事を依頼されるときは、明るい笑顔で返事する	上司の時間コストの削減
□ １時間当たりの生産性を上げる	時間コストの削減

貢献

アクションプラン	成果（利益）
□ 自分の「給与」と会社への「利益貢献額」を比較する	売上アップ・コスト削減
□ 会社の売上アップ策を考えて実行する	売上アップ
□ 会社のコスト削減策を考えて実行する	コスト削減
□ 会社の資金繰り改善策を考えて実行する	資金繰り改善
□ 自分の成功事例を周囲に進んでシェアする	売上アップ・コスト削減
□ 他部署の業務内容、利益貢献を理解する	組織の活性化
□ 新入社員には、後に活躍してもらうために温かく接する	採用コスト削減

強み

アクションプラン	成果（利益）
□ 自社のビジネスモデル（強み）を理解する	強みの把握
□ 自分の強みを活かして周囲のサポートをする	（周囲の）時間コスト削減
□ 周囲の人の強みを把握し、その強みに集中できるようにサポートする	（周囲の）時間コスト削減
□ 他部署の強み（役割）を認識し、その強みに集中できるようにサポートする	売上アップ・コスト削減
□ ライバル会社に負けない会社の強みを認識して顧客に伝える	売上アップ
□ 新規事業は会社の強みが活かせるものを提案する	売上アップ

優先順位

アクションプラン	成果（利益）
□ 周囲に影響を与える業務から取りかかる	（周囲の）時間コスト削減
□ 仕事は、「何を」「いつまでに」「どれくらいの精度」かを意識する	（周囲の）時間コスト削減
□ 製造原価、販売費及び一般管理費の主要な項目を把握する	コスト削減
□ どの売上アップ策が最も効果的かを考える	売上アップ
□ どのコスト削減策が最も効果的かを考える	コスト削減
□ どの資金繰り改善策が最も効果的かを考える	資金繰り改善
□ 会社のビジネスモデル上、重要となる見込客像を把握する	売上アップ
□ どうすれば、そのお客様を効率的に探せるかを考える	売上アップ

おわりに

「君を採用したら、ウチはどれくらい儲かるのかな？」

㈱オンテックスに入社する際の面接で、このように言われました。

私は一瞬、耳を疑いました。その頃の私は、すでに公認会計士で、管理部門の責任者候補として、採用を検討されていたからです。

「あの〜、管理部門と聞いていたのですが……」

と思わず、答えそうになりましたが、

「少しでも御社の利益に貢献できるように、頑張らせていただきます！」

と、何の具体的な利益アップ策を提示することもなく、ただ虚勢を張るだけだったのを今でもはっきりと覚えています。

そう、当時の私は、まさに「会計には強いけど、赤字社員」だったのです。

本書で紹介した赤字社員の事例には、私が20代のときにやってしまっていたエピソードがいくつか盛り込まれていますが、その頃から私は、「自分の給与であれば、いくらの利益貢献を期待されているのだろう？」と常に意識し、本書で解説したような利益の考え方を使って、自分の貢献度を随時チェックするようになりました。

M．E．ポーター氏が考え出した「バリューチェーン」という考え方があります。

会社はひとつの商品やサービスを売り上げるために、さまざまな活動を行なっています。次ページ図のように、5つの主な活動とそれをサポートするための4つの支援活動がありまず。各業界によって、それぞれの活動の果たす役割の大きさは異なりますが、それぞれの活動で、利益を生み出さなければ会社には利益が残りません。

ですから、あなたの部署だけが利益を稼いでいるわけではないのです。実は、地味な仕事に思える業務すべてが、会社の利益に大きく関係しているのです。

本書でいちばん伝えたかったメッセージは、一緒に働く人たちに貢献しよう、ということです。

5章で解説したように、周囲に貢献した利益相当額は、人数に比例して大きくなります。つまり、あなたの会社で一番活躍している人は、一緒に働く人たちに最も貢献している人なのです。

内部環境分析：「バリュー・チェーン」

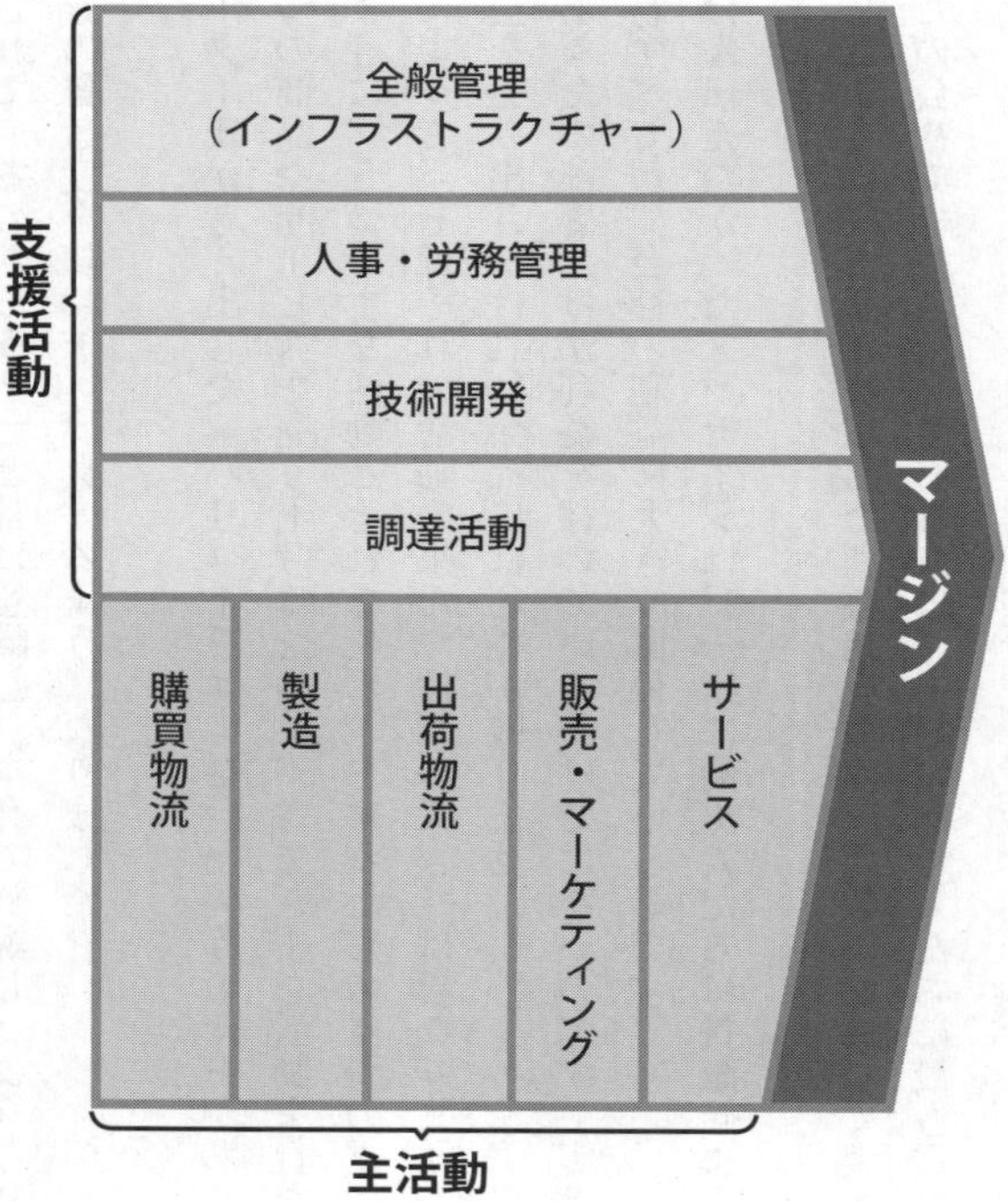

出典：M.E. ポーター『競争優位の戦略』

この本を最後まで読んでいただいたあなたは、これまでよりも視野が広くなり、ほかの部署の仕事を理解し、これから一緒に働く人たちに貢献しようという意識に変わっているのではないでしょうか。

その視野の広さと意識が、将来の経営者になるべき人に求められる能力なのです。

あなたに、そんな「人財」になっていただくことを願い、本書を書き上げました。

最後までお読みいただきまして、本当にありがとうございました。

謝辞

最後に、この著書の出版にあたり多大なるご協力を頂きました皆さまに、この場を借りて心よりお礼を申し上げます。

私に「会社の利益」の考え方を教えていただいた㈱オンテックスの小笹公也会長。

この本を世に出す機会を与えていただいた㈱経済界の渡部周さま、私の雑多な原稿を効果的に編集してくださった安達智晃さま。

私の原稿を読者目線からチェックしていただき、率直な意見をいただいた巡雅志さま、渡辺真紀さま、武藤友章さま。

いつも事務所業務をサポートしてくれる香川会計事務所の皆さま。
香川会計事務所を支えていただいているクライアントの皆さま。
5年前、事務所に入所した私に、「お前は出版を目指せ」とアドバイスをくれた父。
そして、休日返上の原稿執筆期間中も温かく支えてくれた愛する家族。
こうして1冊の本を世に出すことができたのも、皆さまのおかげです。
皆さま、本当にありがとうございました。深く感謝しております。

香川晋平

参考文献

・「ビジネスマンのための『数字力』養成講座」　小宮一慶著（ディスカヴァー・トゥエンティワン）
・「力が湧く言葉」　小笹芳央・小笹公也著（経済界）
・「数字のツボ」　山田真哉ほか著（プレジデント社）
・「『クビ！』論」　梅森浩一著（朝日文庫）
・「豆大福分析からはじまる損得勘定学入門」　中元文徳著（中央経済社）
・「利益思考」　グロービス著（東洋経済新報社）
・「会社のことよくわからないまま社会人になった人へ」　池上彰著（海竜社）
・「なぜ、あの人は仕事ができるのか」　中谷彰宏著（ダイヤモンド社）
・「自分は評価されていないと思ったら読む本」　小笹芳央著（幻冬舎）
・「採用の超プロが教えるできる人できない人」　安田佳生著（サンマーク出版）
・「外資系トップの仕事力」　ＩＳＳコンサルティング編（ダイヤモンド社）
・「競争優位の戦略」　Ｍ・Ｅ・ポーター著（ダイヤモンド社）
・「経営者の条件」　Ｐ・Ｆ・ドラッカー著（ダイヤモンド社）

香川晋平（かがわ・しんぺい）

公認会計士。関西大学非常勤講師。カラーコピー１枚のミスでも、反省できる社員を育てるスパルタ会計の伝承者。

大手監査法人在籍時から、自費でビジネススクールに通学し、30歳でリフォームの㈱オンテックスに入社。「従業員１人当たりの会計データ」を導入し、従業員の生産性を向上。入社後わずか90日で経営管理本部取締役に就任、在任２年の累計利益は業種別ダントツ№１となった。

その後、５期連続50%超増収のベンチャー企業や従業員平均年収1,000万円超の少数精鋭企業などの会計顧問をし、数社の非常勤役員も務める。

また、大学や就活支援会社で会計数値を使って「会社が従業員に期待する成績」を解説し、学生の仕事に対する意識改革に努める。

［著者連絡先］
香川会計事務所
〒660-0892　兵庫県尼崎市東難波町5-2-18
尼信難波ビル４Ｆ
TEL：(06)6482-5535
URL：http://www.kagawa-office.co.jp

リュウ・ブックス
アステ新書

東大卒でも赤字社員　中卒でも黒字社員

2010年10月６日　初版第１刷発行

著　者　香川晋平
発行人　佐藤有美
編集人　渡部　周
発行所　株式会社経済界
〒105-0001　東京都港区虎ノ門1-17-1
出版局　出版編集部☎03-3503-1213
出版営業部☎03-3503-1212
振　替00130-8-160266
http://www.keizaikai.co.jp/

装幀　岡孝治
表紙装画　門坂流
印刷所　（株）光邦

ISBN978-4-7667-1096-0